www.ingramcontent.com/pod-product-compliance
Lightning Source LLC
LaVergne TN
LVHW010201070526
838199LV00062B/4455
9788119022311

شیش محل

(خاکے)

مصنف:

شوکت تھانوی

© Taemeer Publications

Sheesh Mahal *(Literary Sketches)*
by: Shaukat Thanvi
Edition: February '2023
Publisher & Printer:
Taemeer Publications. Hyderabad.

ISBN 978-81-19-02231-1

مصنف یاناشر کی پیشگی اجازت کے بغیر اس کتاب کا کوئی بھی حصہ کسی بھی شکل میں بشمول ویب سائٹ پر اَپ لوڈنگ کے لیے استعمال نہ کیا جائے۔ نیز اس کتاب پر کسی بھی قسم کے تنازع کو نمٹانے کا اختیار صرف حیدرآباد (تلنگانہ) کی عدلیہ کو ہوگا۔

© تعمیر پبلی کیشنز

کتاب	:	**شیش محل** (خاکے)
مصنف	:	**شوکت تھانوی**
صنف	:	خاکے
ناشر	:	تعمیر پبلی کیشنز (حیدرآباد، انڈیا)
زیرِ اہتمام	:	تعمیر ویب ڈیولپمنٹ، حیدرآباد
تدوین / تہذیب	:	مکرم نیاز
سالِ اشاعت	:	۲۰۲۳ء
تعداد	:	(پرنٹ آن ڈیمانڈ)
طابع	:	تعمیر پبلی کیشنز، حیدرآباد – ۲۴
صفحات	:	۲۴۰
سرورق ڈیزائن	:	تعمیر ویب ڈیزائن

فہرست

۱	حرفِ اوّل	۹	۱۲	اختر شیرانی	۳۴
۲	آرزو لکھنوی	۱۱	۱۳	ارشد تھانوی	۳۵
۳	آسی الدنی	۱۳	۱۴	اسلم (ایم۔ اسلم)	۴۰
۴	آشفتہ لکھنوی	۱۹	۱۵	اصطفا لکھنوی	۴۱
۵	آغا شاعر	۲۱	۱۶	اصغر گونڈوی	۴۳
۶	آغا حشر	۲۲	۱۷	اعجاز (پروفیسر اعجاز حسین)	۴۵
۷	آنند نرائن ملاّ	۲۴	۱۸	افسر میرٹھی	۴۶
۸	اثر لکھنوی	۲۶	۱۹	افقر موہانی	۴۷
۹	احسن مارہروی	۲۸	۲۰	اقبال (سر محمد اقبال)	۴۸
۱۰	احسان دانش	۳۰	۲۱	اکبر حیدری	۵۰
۱۱	احتشام ماہلی	۳۲	۲۲	امید امیٹھوی	۵۱

۹۰	جوش ملیح آبادی	۴۰	۵۲	امین سلونوی	۲۳
۹۳	حافظ محمد عالم	۴۱	۵۵	انیس احمد عباسی	۲۴
۹۴	حبۃ دہبا (چکام محمد امیرحیدرخان محمدآبادی)	۴۲	۵۷	انصار ناصری	۲۵
۹۶	حسرت موہانی	۴۳	۵۹	اویس احمد ادیب	۲۶
۹۹	حسن نظامی	۴۴	۶۰	اسمٰعیل الہ آبادی	۲۷
۱۰۲	حفیظ جالندھری	۴۵	۶۲	بہزاد لکھنوی	۲۸
۱۰۴	حفیظ سید (ڈاکٹر محمد حفیظ سید)	۴۶	۶۴	پریم چند	۲۹
۱۰۶	خلیل احمد	۴۷	۶۶	پطرس	۳۰
۱۰۸	خمار بارہ بنکوی	۴۸	۶۸	پیارے لال شاکر	۳۱
۱۰۹	دیا رائن بیگم	۴۹	۷۰	تاج (سید امتیاز علی)	۳۲
۱۱۰	دیوانہ بریلوی	۵۰	۷۳	تاجور نجیب آبادی	۳۳
۱۱۲	دیوانہ گورکھپوری	۵۱	۷۴	تبسم نظامی	۳۴
۱۱۴	ذوقی (خواجہ مسعود علی)	۵۲	۷۷	ثاقب لکھنوی	۳۵
۱۱۶	راز چاند پوری	۵۳	۷۹	جالب دہلوی	۳۶
۱۱۸	راشد (ن۔م۔راشد)	۵۴	۸۴	جاں نثار اختر	۳۷
۱۱۹	رام بابو سکسینہ	۵۵	۸۵	جذبی (معین احسن)	۳۸
۱۲۲	رحم علی الہاشمی	۵۶	۸۷	جگر مراد آبادی	۳۹

۷۳	شاہد احمد	۱۶۱	۵۷	رشید احمد صدیقی	۱۲۴	
۷۴	شمس الدین (حکیم خواجہ شمس الدین)	۱۶۲	۵۸	رشید جہاں	۱۲۶	
۷۵	شہیدہ (مولانا صبغۃ اللہ فرنگی محلی)	۱۶۴	۵۹	رضا لکھنوی	۱۲۸	
۷۶	صادق دہباری چرن سکسینہ	۱۶۵	۶۰	رفیع احمد خان	۱۳۰	
۷۷	صدیق (مولوی محمد صدیق مالک صدیق کٹکی)	۱۶۶	۶۱	روش صدیقی	۱۳۵	
۷۸	صفدر مرزا پوری	۱۶۹	۶۲	ریاض خیر آبادی	۱۳۶	
۷۹	صفی لکھنوی	۱۷۱	۶۳	زاہدہ خلیق الزماں	۱۳۸	
۸۰	ظریف لکھنوی	۱۷۳	۶۴	ساغر نظامی	۱۴۰	
۸۱	ظفر الملک علوی	۱۷۵	۶۵	سالک (عبدالمجید سالک)	۱۴۵	
۸۲	عبد الحق (مولانا)	۱۷۷	۶۶	سائل دہلوی	۱۴۸	
۸۳	عبد الحلیم شرر (مولانا)	۱۷۹	۶۷	سبط حسن	۱۴۹	
۸۴	عبد الرؤف عشرت (خواجہ)	۱۸۱	۶۸	سپرو (سرتیج بہادر سپرو)	۱۵۱	
۸۵	عبد القادر (سر)	۱۸۲	۶۹	سجاد حیدر یلدرم	۱۵۳	
۸۶	عبد الماجد دریا بادی (مولانا)	۱۸۳	۷۰	سہا مجددی	۱۵۴	
۸۷	عزیز لکھنوی	۱۸۵	۷۱	سیدہ سروار اختر	۱۵۶	
۸۸	عشرت رحمانی	۱۸۷	۷۲	سیماب اکبر آبادی	۱۵۷	
۸۹	عظیم بیگ چغتائی	۱۹۰	۷۳	شاد (نذر بینی سرن)	۱۵۹	

۲۱۴	مجنوں گورکھپوری	۱۰۲	۱۹۲	علی سردار جعفری	۹۰
۲۱۴	محبوب طرزی	۱۰۳	۱۹۳	علی عباس حسینی	۹۱
۲۱۹	مخدوم محی الدین	۱۰۴	۱۹۴	فانی بدایونی	۹۲
۲۲۱	مرزا محمد عسکری	۱۰۵	۱۹۶	فرید جعفری	۹۳
۲۲۴	مشیر احمد علوی	۱۰۶	۱۹۹	فراق گورکھپوری	۹۴
۲۲۶	ملا رموزی	۱۰۷	۲۰۰	فکر (ابن الحسن فکر)	۹۵
۱۲۶	ملک حبیب احمد	۱۰۸	۲۰۱	قدیر لکھنوی	۹۶
۲۳۲	نسیم تھانوی	۱۰۹	۲۰۳	کرشن چندر	۹۷
۲۳۴	نیاز فتحپوری	۱۱۰	۲۰۶	کلیم (مولوی عبدالرحیم)	۹۸
۲۳۶	وصل بلگرامی	۱۱۱	۲۰۸	ل۔احمد	۹۹
۲۳۹	یوسف حسن (حکیم یوسف حسن)	۱۱۲	۲۱۰	مجاز (اسرار الحق)	۱۰۰
			۲۱۲	مجذوب (خواجہ عزیز الحسن غیثی)	۱۰۱

حرفِ اوّل

اِس کتاب میں اُن میں سے چند ادبا، اور شعرا کا تذکرہ پیش کیا جا رہا ہے جن سے میں کبھی نہ کبھی کسی نہ کسی صورت سے مل چکا ہوں۔ ظاہر ہے کہ صرف اتنے ہی حضرات سے نہ ملا ہونگا بلکہ ان سے بہت زیادہ ایسے بھی ہونگے جن کا نام اس مجموعہ میں نہیں آ سکا ہے۔ اس سلسلہ میں متعدد مجبوریاں ہیں سب سے پہلی مجبوری تو یہ کہ دماغ محدود ہے۔ دوسرا سبب یہ ہے کہ کتاب کے صفحات محدود ہیں۔ اگر موقع ملا تو دوسرے حصے میں باقی حضرات پیش کر دیے جائیں گے۔

یہ تذکرہ کسی مورخ کے کام آنے والی چیز نہیں ہے۔ اس لئے کہ ادبی حالات سے زیادہ نجی حالات پیش کئے گئے ہیں اور وہ بھی ایسے کہ ان کے غلط ہونے کا احتمال صحیح ہونے سے کہیں زیادہ ہے اس لئے کہ میں نے جو کچھ لکھا ہے وہ میرا ذاتی مطالعہ ہے اور مجھ کو اعتراف ہے کہ میں نے اپنے مطالعہ کو ہمیشہ غیر مستند سمجھا ہے۔

ایک غیر مستند بات پر کسی کو برا ماننے کا کوئی حق تو نہیں ہے۔ لیکن اگر پھر بھی کوئی برا مانے تو میں پرائیویٹ طور پر معافی مانگنے کے لئے تیار ہو جاؤں گا۔ اس لئے کہ معافی کے ایک لفظ سے بڑے بڑے ہنگامے خاموش ہوتے ہوئے دیکھ چکا ہوں۔ میں نے اپنے نزدیک اپنی ایماندارانہ رائے کا اظہار کیا ہے۔ مگر مجھے خود نہیں معلوم کہ میرا ایمان کس حد تک ایماندار ہے۔

اِس مجموعہ میں جن حضرات کا ذکر ہے ان میں سے بہت سے داغِ جدائی دے چکے ہیں اور بہت سے اس میں بھی بخل کر رہے ہیں۔ کچھ کی موت میرے لئے ناقابلِ برداشت ہے اور کچھ کی زندگی معلوم نہیں کس دل سے برداشت کر رہا ہوں۔ بہرحال دوستوں اور دشمنوں

دونوں کے ساتھ جہاں تک ہو سکا ہے ایمانداری برتنے کی کوشش کی گئی ہے یعنی دوستی میں
میں بہکنے اور دشمنی میں بھڑکنے کے جذبات پر قابو پانے کی کوئی کوشش اٹھا نہیں رکھی ہے
اسکے باوجود اگر بہکنے یا بھڑکنے کی غلطیاں بیساختگی میں سرزد ہوگئی ہوں تو آپ انہیں شاعروں کی زبان میں
"آمد سمجھکر" "از دل خیزد" تو سمجھ لیجیے گا۔ مگر "بر دل ریزد" سے پرہیز کیجیے گا۔

اُردو بک اسٹال لاہور کے جوانِ رعنا مالک ظہیر صاحب پنجاب میں میری سب سے پہلی کتاب
یہی شائع کر رہے ہیں۔ ہر چند کہ میں یو۔ پی اور پنجاب کی سرحد کا رہنے والا ہوں یعنی نہ یو۔ پی والے
اپنا سمجھتے ہیں نہ پنجاب والے اپنا۔ دونوں جہان خراب ہیں۔ دنیا بھی اور عقبیٰ بھی۔ پھر بھی اگر اس کتاب
کی ظاہری صورت سے آپ کو کوئی شکایت ہو تو اس کو صوبجاتی تعصب سمجھ لیجیے گا۔ اور اگر آپ
اس کو دیکھ کر خوش ہوں تو یہ میرا اقبال ہے ہیں تو صرف یہ چاہتا ہوں کہ ظہیر صاحب اپنی ہی
ایسی رعنا اور دیدہ زیب یہ کتاب چھاپ دیں۔

اس کتاب کے نام۔ ترتیب اور ایک کتاب کے سلسلہ میں جو دوسری باتیں ہوا کرتی ہیں
ان سب میں ظہیر صاحب کے علاوہ پروفیسر سرور مدیر ماہنامہ کتاب اور رشید اختر صاحب ندوی نے
اپنے مشوروں سے میری رہنمائی کی ہے اور میں سوچ رہا ہوں کہ ان کی کوئی کتاب جلد نکلے تاکہ
میں بھی مشوروں کی دولت سے اِن حضرات کو مالا مال کر دوں۔

ایک سچی بات یہ بھی ہے کہ اس کتاب کا خیال جب پہلی مرتبہ میرے ذہن میں آیا تھا تو
کرشن چندر نے مجھکو بہت تقویت پہونچائی تھی اور بہت سے نام یاد دلائے تھے۔ خیر اُن سے
تو خدا سمجھے گا۔

شوکت تھانوی

۵ ر اپریل ۱۹۴۳ء

آرزو لکھنوی

مجھے اپنے مزاح نگار ہونے کی قطعاً اطلاع نہ تھی البتہ والد صاحب سے چھپ چھپ کر ناموزوں شعر کہا کرتا تھا۔ یہ ذکر ہے غالباً اب سے بیس بائیس سال پہلے کا۔ طالب علمی کا زمانہ تھا اور امتحانوں میں فیل ہونے کا سلسلہ جاری، ایسی صورت میں اگر شاعری کی اطلاع والد صاحب کو ہو جاتی تو خدا جانے ہم کو اپنا تخلص کہاں چھپانا پڑتا۔ اسی زمانے میں لکھنؤ یونیورسٹی کے ایک مشاعرے کا اعلان ہوا۔ مصرعہ تھا ڈاکٹر اقبال کا۔ ع

کبھی اے حقیقتِ منتظر نظر آ لباسِ مجاز میں

چھوٹی چھوٹی بحروں میں مصرعوں کے وزن کا سنبھالنا دو بھر تھا پھر یہ تو اچھی خاصی سینت قسم کی بحر تھی۔ مگر اس سے کیا ہوتا ہے غزل کہی اور اپنے نزدیک چھ سات شعر موزوں نکال ہی لئے (حالانکہ اب دیکھنے سے پتہ چلا ہے کہ صرف ڈیڑھ شعر موزوں تھا۔ باقی تمام اشعار میں یا تو ایک آدھ رکن کم تھا یا زیادہ) ایک مطلع یاد ہے ؎

نظر آ رہی ہیں جو ان دنوں ترے حسن میں ترے ناز میں
یہی صورتیں ہیں وہ صورتیں جو کبھی تھیں پردۂ راز میں

کس قدر لغویت میں ڈوب کر کہا گیا تھا۔ بہرحال مشاعرے میں پہنچے۔ دوسروں کا کلام

سنا ٹھیک سے داد دینا بھی نہ آتی تھی بجائے داد دینے کے ایک آدھ مرتبہ بے ساختگی میں داد دیتے ہوئے شاعر کو سلام بھی کرلیا! اپنی غزل بید کی طرح کانپ کر پسینہ میں شرابور ہوکر اور خدا معلوم کن سُروں میں جُوں توں سنائی۔ مشاعرے کے آخر میں جن صاحب نے اپنا کلام سنایا وہ تھے سیّد انور حسین آرزو لکھنوی۔

ان کا مطلع اب تک یاد ہے ؎

یہ گل رضائے حبیب ہے اسے ڈھونڈھ محفلِ ناز میں

مرا سجدہ داغ ریا نہیں جو ملے جبینِ نیاز میں

صورت قطعاً غیر شاعرانہ۔ کلام سے نرے شاعر۔ خود گراں گوش اور کلام جنتِ گوش اشعار میں ترنم اور پڑھتے ہیں تحت اللفظ۔ داد کے الفاظ مشکل سے سنتے ہیں مگر سلام دونوں ہاتھوں سے کرتے ہیں ہم اگر ان کو مشاعرے میں نہ دیکھتے تو زیادہ سے زیادہ کوئی حکیم سمجھتے۔ اس مشاعرے کے بعد سے پھر تو اکثر دیکھا۔ کلام سنا اور مختلف جگہ پڑھا۔ خالص اردو شاعری کے نمونے دیکھے۔ آپ کے لکھے ہوئے ڈرامے دیکھے، آپ کے گیت سُنے، آپ سے مشاعروں کے علاوہ یوں بھی ملنے کا اتفاق ہوا۔ مگر ہمیشہ آپ کو اس قدر سنجیدہ اور باضابطہ پایا کہ گویا نجی مراسم میں بھی آپ عروض کا ہر وقت خیال رکھتے ہیں کہ سنجیدگی کا کوئی رکن کہیں سے گرنے نہ پائے۔ دوسری خصوصیت اس بیس بائیس سال میں ہر مرتبہ بہ نظر آئی کہ گویا صحت ہمیشہ کچھ نہ کچھ خراب ہی رہتی ہے سچ ہے کہ حد کو پہنچی ہوئی سنجیدگی عارضہ بن کر رہ جاتی ہے۔

آسی

یہ اُسی زمانے کا ذکر ہے جب یہ خاکسار نہایت خفیہ طور پر ناموزوں شعر کہا کرتا تھا اور والد صاحب سے دو ہی باتوں میں ڈر معلوم ہوتا تھا کہ ایک تو خدا وہ دن نہ لائے کہ وہ ہم کو سگریٹ پیتے دیکھ لیں اور خدا اُس بُرے وقت سے بھی محفوظ رکھّے جب ان کو یہ اطلاع ہو کہ صاحبزادے شاعر ہوتے جاتے ہیں روز بروز مگر آپ نے سُنا ہو گا کہ گیدڑ کی جب موت آتی ہے تو وہ شہر کا رُخ کرتا ہے چنانچہ اس شاعر کی جو شامت آئی تو اپنی ایک غزل جو بزعم خود شاہکار کا درجہ رکھتی تھی اور جس کو جھوم جھوم کر تنہائیوں میں گنگنایا جاتا تھا لکھنؤ کے رسالہ ترچھی نظر میں چھپنے کیلئے بھیج دی۔ رسالے کے نام ہی سے ظاہر ہے۔ کہ معیاری رسالہ تھا وہ جس کا نام تھا ترچھی نظر۔ کیا تاریخی اسم مبارک تھا۔ بہر حال اس رسالہ میں ہمارا کلام شائع ہو گیا۔ اور رحم۔ بہرِ خدا اسمیں بھی کہیں چھاپ دیجئے۔

والی التجا آخر قبول ہو کر رہی۔ اب فکر یہ تھی کہ تمام گھر والے تمام اہلِ خاندان تمام آئے گئے مختصر یہ کہ سب ہی اس چھپی ہوئی غزل کو دیکھیں اور اندازہ کریں کہ جس جوہرِ قابل کو محض امتحانوں میں فیل ہونے کی وجہ سے مستقلاً نالائق سمجھ لیا گیا ہے وہ دراصل ہے کیا چیز۔ اور اس پامال ہونے والے ذرّے میں آفتاب بننے کی کیسی بھرپور صلاحیتیں موجود ہیں

رسالہ دانستہ ایک عام جگہ کھلا ہوا چھوڑ دیا گیا شامتِ اعمال سب سے پہلے والد صاحب کو کتب بینی کا شوق ہوا چشمہ لگا ہی ہوا تھا رسالہ پر نظر جو پڑی تو لختِ جگر کا نام پڑھ کر اچھل پڑے غزل کو شروع سے آخر تک حیرت کے ساتھ پڑھا والدہ صاحبہ کو آواز دی گئی اور نہایت عبرت انگیز طریقہ پر غزل سنا کر مقطع سے پہلے والا شعر پڑھا گیا ؎

ہمیشہ غیر کی عزت تری محفل میں ہوتی ہے
ترے کوچہ میں ہم جا کر ذلیل و خوار ہوتے ہیں

کہنے لگے کوئی پوچھے ان صاحبزادے سے کہ آپ آخر ان کے کوچہ میں جاتے ہی کیوں ہیں؟ والدہ صاحبہ ہنس دیں تو والد صاحب نے سنجیدگی سے کہا کہ شوق برا نہیں ہے مگر قبل از وقت ہے املا تک تو برخوردار کا درست نہیں ہے اور چلے ہیں شاعر بننے یہ ریمارک ہم نے خود سنے حوصلے پست ہونے ہی کو تھے کہ شیطان نے کان میں کہا کہ "واہ حضرت واہ شاعر بنتا نہیں بلکہ پیدا ہوتا ہے تم بھی کوئی عرائض نویس ہو کہ املا درست کرتے پھرو تم کو خدا نے شاعر بنایا ہے بس شعر کہے جاؤ"۔ مختصر یہ کہ مشق سخن جاری رہی۔ رسالہ ترچھی نظر نکلتا رہا اور غزلیں چھپتی رہیں۔ یکایک ایک مرتبہ جو رسالہ آیا تو دیکھتے کیا ہیں کہ سائز بدلا ہوا ہے۔ رسالہ کا نام بھی بدل گیا "ترچھی نظر" کے بجائے صرف "نظر" رہ گیا ہے! اور ایڈیٹر بھی کوئی نئے صاحب ہو گئے ہیں "امین سلونوی" رسالہ کے ساتھ ہی ایک خط بھی امین سلونوی صاحب کا ملا کہ میں آپ سے

کسی وقت ملنا چاہتا ہوں خود تشریف لائے یا مجھ کو بلائے۔ اللہ اکبر اپنی اہمیت کا پہلی مرتبہ اندازہ ہوا کہ اتنا بڑا ایڈیٹر ہم سے ملنا چاہتا ہے اس کے معنی یہ ہوئے کہ ہم واقعی کچھ ہیں ہی بڑے آدمی۔ فوراً خط ہاتھ میں لیا شیروانی پہنی اور رسالہ نظر کے دفتر جا پہنچے۔ امین سلونوی صاحب کو خود اُن ہی سے پوچھا وہ اپنی مونچھوں کے تاؤ کے ساتھ گویا اُڑے جا رہے تھے۔ بہت اخلاق سے ملے دیر تک ادبی گفتگو ہوتی رہی ہم نے ان کو اپنی ہی قسم کا آدمی پایا۔ پھر کیا تھا روز آنے جانے لگے کبھی وہ ہمارے یہاں کبھی ہم ان کے یہاں۔ ایک دن امین سلونوی صاحب نے باتوں ہی باتوں میں مشورہ دیا کہ تم شعر کہتے ہو تو کسی کے شاگرد ہو جاؤ۔ رائے تو مناسب تھی مگر استاد بنانے کیلئے کوئی صاحب فوراً ذہن میں نہ آئے امین صاحب نے اپنے استاد کا ذکر کیا ہم نے کہا کہ بس یہ ٹھیک ہے۔ اتنے بڑے ایڈیٹر کا اُستاد اگر ہمارا استاد بن گیا تو ہم کچھ فائدے ہی میں رہینگے۔ امین صاحب کے ساتھ ان کے استاد کے یہاں پہنچے۔ کبوتروں کی ڈھابلیوں سے لبریز صحن سے گذر کر ہم لوگ ایک دالان میں پہنچے جہاں ایک ادھیڑ عمر کے بزرگ ایک نہایت ضعیف العمر شخص سے بیٹھے ہوئے شطرنج کھیل رہے تھے انتہائی انہماک کے ساتھ یعنی ایسا انہماک کہ بغیر چلم کا حقہ وہ ضعیف العمر صاحب مسلسل پی رہے تھے شطرنج کی بازی کے بعد امین صاحب نے تعارف کی رسم ادا کی۔ مولانا آپ میرے دوست شوکت تھانوی صاحب ہیں اور شوکت صاحب آپ میرے استاد مولانا عبدالباری آسی ہیں۔ دونوں طرف تبسم۔ دونوں طرف سے "بڑی خوشی ہوئی" والا رسمی

جملہ میں نے کہا: میں برابر آپ کا کلام پڑھتا ہوں اور آپ کا ایک شعر میرے دل پر نقش ہے ؎

دل ایسی چیز کو ٹھکرا دیا نخوت پرستوں نے
بہت مجبور ہو کر ہم نے آئین وفا بدلا

مولانا آسی ہمارے حسنِ انتخاب پر خوش ہوئے اور فوراً پان عطا فرمایا۔ تھوڑی دیر کے بعد امین صاحب نے ہم کو مولانا آسی کی شاگردی میں پیش کر دیا اور مولانا نے ازرہِ شفقت قبول فرما لیا۔

مولانا آسی کے شاگردوں کی فوجِ ظفر موج میں ایک رنگروٹ کا گویا اضافہ ہو گیا۔ ایک قریبی مشاعرے کے لئے غزل کہنے کا حکم ملا۔ ہم غزل بھلا کیا خاک کہتے وہی چند موزوں اور کثرت سے ناموزوں بے ربط مصرعے کہہ کر لے آئے۔ مولانا نے غزل خود کہی اور اس میں تبرک کے طور پر شاید ہمارا ایک آدھ مصرعہ رہنے دیا۔ اسی طرح دوسرے شاگردوں کی غزلیں بھی مولانا نے دیکھیں کہ ان کے شعر دال میں نمک کے برابر اور اپنے شعر نمک میں دال کے برابر۔ البتہ حیرت یہ ہوتی تھی کہ مولانا شعر اس طرح کہتے تھے گویا ٹائپ رائٹر کچھ لکھتا چلا جا رہا ہے۔ ایک۔ دو۔ تین۔ چار مختصر یہ کہ اسی طرح مشاعرہ پر مشاعرے ہونے لگے اور ہم لگے اچھلنے۔ پڑھنا بھی آ گیا۔ داد لینا اور دینا بھی آ گیا۔ شاعر بن گئے۔ مگر استاد کے بل بوتے پر۔ البتہ رفتہ رفتہ یہ ضرور معلوم ہو گیا کہ شعر در اصل ہوتا کیا ہے۔ اچھا شعر کسے کہتے ہیں معمولی کی کیا پہچان ہے اور بڑے

شعر کی کیا تعریف ہے۔ آخر مولانا سے کہا کہ اب ہم کو بھی شعر کہنے دیجئے۔ مولانا نے اجازت دے دی۔ اور ہم نے خود جو کوشش کی تو اب دنیا ہی بدلی ہوئی نظر آئی کچھ تک کی باتیں پیدا ہو گئیں۔ اور اب اصلاحی غزلیں پڑھنے لگے۔ اس کے بعد رفتہ رفتہ اصلاحیں کم ہوتی گئیں۔

مولانا آسی اُستاد کم ثابت ہوئے دوست زیادہ بنے۔ انتہائی بے تکلف اور نہایت بیباک قسم کے دوست۔ ان کی رنگینیوں میں ہم ان کے شریک اور ان کی خلوت و جلوت کے آشنائے راز۔ مولانا آسی کے متعلق سیکڑوں رائیں تبدیل کرنے کے بعد آخر کار اس رائے پر پہنچنا پڑا ہے کہ ان کے علم و فضل سے انکار نہیں کیا جا سکتا یہی وجہ ہے کہ کلام نہایت ٹھوس ہوتا ہے مگر فطرت ایسی ٹھس پائی ہے کہ عجیب بیخودی کا عالم طاری رہتا ہے۔ شیروانی میلی ہے تو خوش ہیں کہ پاجامہ تو اُجلا ہے۔ پاجامہ میلا ہے تو دل مطمئن ہے کہ قمیص بالکل صاف ہے خط بڑھا ہوا ہے تو اطمینان یہ حاصل ہے کہ خضاب کا رنگ تو قائم ہے۔ شوق ہے شطرنج کا اور قلمی کتابوں کا۔ مرغوب ہیں قلمی آم۔ اور الٰہ آباد کے امرود۔ مشغلہ ہے صرف لکھنا اور پڑھنا اور بیگار ہے شاگردوں سے سر کھپانے کی پہلے صرف صاحب تلامذہ تھے اب بفضلہ صاحب اولاد بھی ہیں پہلے تو کہیں نہ کہیں جانے کی وجہ سے لباس کی طرف ایک آدھ دزدیدہ نظر ہو بھی جاتی تھی مگر اب تو بال بچوں میں ویسے بھی کپڑے میلے ہوتے ہی ہیں۔ دوسرے ایک عیال دار کیلئے یہ شوقینیاں کچھ مناسب بھی نہیں ہیں۔ تصانیف کا سلسلہ جاری ہے الناسی۔

بھی اور کاغذی بھی۔ کتابیں بھی ماشاءاللہ بڑھ رہی ہیں اور بچے بھی چشم بد دُور۔ رہ گئے شاگردان کی نہ پہلے کمی تھی نہ اب باوجود اس جنگ کے۔ جتنی مرتبہ در دولت پر حاضری دی۔ ایک نہ ایک نیا رنگروٹ نظر سے گذرا یہ بھرتی پہلے بھی جاری تھی اور اب بھی جاری ہے۔

آشفتہ لکھنوی

سیّد علی نام۔ طبیب ہیں للہٰذا حکیم۔ شاعر ہیں لہٰذا آشفتہ۔ لکھنؤ وطن ہے چنانچہ لکھنوی۔ اِس طرح گویا پورا نام ہُوا "حکیم سیّد علی آشفتہ لکھنوی"۔ طبابت میں حاذق الملک حکیم اجمل خاں مرحوم کے شاگردِ رشید۔ شاعری میں عزیزؔ لکھنوی کے شاگرد۔ جوشؔ۔ رواںؔ اور اثرؔ کے پیر بھائی۔

آشفتہ کو مَیں نے بہت قریب سے دیکھا اور کافی پڑھا ہے۔ اِن کے محتاط ہونے میں شک نہیں کم سے کم جلوتیں تو نہایت محتاط نظر آئیں خلوتوں کی خبر خدا جانے۔ زبان کے معاملہ میں محتاط۔ عروض کے معاملہ میں محتاط۔ طبابت میں اور شاعری میں دونوں جگہ مساوی طور پر اوزان کے مقابلہ میں محتاط۔ لباس کے معاملہ میں محتاط۔ کیا مجال کہ انگرکھے کے چناؤ اور چوڑی دار پاجامے کی چوڑیوں میں ذرا بھی شتر گربہ پیدا ہو جائے یا کسی کا زبان کے معاملہ میں غلط شعر سن کر پیشانی پر انگرکھے اور کرتے کی آستین والا چُناؤ پیدا نہ ہو۔ لکھنؤ کے نام پر فدا اور لکھنویت کے اپنے نزدیک واحد محافظ یا دیگر محافظوں کے سالارِ اعظم۔ لکھنؤ پر کسی طرف سے کوئی حملہ ہُوا اور آپ نے اپنی فوج کو کوچ کا حکم دیا کہ جاؤ مِٹ جاؤ یا مٹا دو۔ بہادرو لکھنؤ سے تم ہو اور تم سے لکھنؤ۔

لکھنؤ پر آنچ آئی تو منہ دکھانے کے قابل نہ رہو گے عام طور پر آپ کو فتح حاصل ہوتی ہے۔

بحیثیت شاعر کے نہایت میٹھے بحیثیت دوست کے نہایت اچھے بحیثیت انسان کے بہت سی خوبیوں کے مالک میدانِ ادب کے جنگجو۔ شاعری میں نازک خیال کے ساتھ ساتھ نازک مزاج بھی۔ اکثر باہر سے آنے والے آپ سے مل کر واپس چلے جاتے ہیں اور سمجھتے ہیں کہ لکھنؤ سے مل گئے۔ مگر آج کل یہ لکھنؤ حیدرآباد میں ہے۔ اور اسی لئے لکھنؤ اسکول کا ادبی شیرازہ کچھ منتشر سا نظر آتا ہے۔

آغا شاعر

ایک مرتبہ دہلی میں اور دوسری مرتبہ لکھنؤ میں ملاقات ہوئی ہے۔ دہلی میں مہمان تھا۔ لہٰذا جان بچ گئی تھی لکھنؤ میں میزبان تھا۔ لہٰذا سر مشاعرہ معتوب ہو کر رہا۔ میں نے اپنی زندگی میں ایسا پڑھنے والا نہیں دیکھا۔ ایک طوفان کا منظر۔ ایک زلزلے کا عالم۔ ایک بم کے پھٹنے کی کیفیت" مگر بلا کا اثر۔ سننے والے اثر بھی لیں اور سہم بھی جائیں شعر پر جھومنے کو دل چاہے تو بھی دم سادھے بیٹھے رہیں۔ خدا بخشے مرحوم کہنے خوب تھے مشق کے ساتھ ہی ساتھ جدت بھی کافی تھی۔ رسالوں میں کلام پڑھ کر زبانی سننے کا اشتیاق ہوا تھا۔ زبانی سن کر عافیت اسی میں نظر آئی کہ رسالوں ہی میں پڑھ لیا کرینگے۔

خاکسار سے بہت شفقت فرماتے تھے محبت بھرے خط لکھتے تھے۔ مگر انڈسٹریل اگزبیشن کے ہندوستان گیر مشاعرے میں جو بگڑے ہیں تو خاکسار سکریٹری صاحب سلمہٗ اللہ تعالیٰ کو وہ مزہ چکھایا ہے کہ آج تک آواز کی گمج دل ہلائے ہوئے ہے۔

آغا حشر

مجھے سنہ یاد نہیں بہر حال میں بہت چھوٹا تھا جب لکھنؤ میں میرے مکان کے سامنے ہی میدان میں ایک تھیٹریکل کمپنی نے اپنا منڈوا بنا کر تماشے شروع کئے۔ اس کمپنی کے کرتا دھرتا ایک صاحب تھے۔ جو ریشمی تہبند باندھے۔ دیکھتے کسی اور طرف تھے اور نگاہیں کسی اور طرف ہوتی تھیں۔ کبھی اس کو ڈانٹ کبھی اس کو ڈپٹ۔ گالم گلوچ میں بھی کوئی عذر نہیں۔ مگر خود نہایت پھرتیلے نہایت محنتی اور بظاہر نہایت چلتے ہوئے معلوم ہوا کہ ان صاحب کا نام ہے "آغا حشر کاشمیری"۔۔۔ اُس وقت تو کہا تھا کہ ہوں گے کوئی۔ مگر ادبی شعور کے ساتھ ہی ساتھ اس ملاقات کا نقش گہرا ہوتا گیا۔ آخر ۱۹۳۳ء میں کلکتہ جانا ہوا۔ ایک ٹی پارٹی میں خاص طور پر ایک صاحب سے ملایا گیا جو بدستور تہبند باندھے نہایت بے تکلفی کے ساتھ کچھ درویشانہ شان لئے ہوئے تشریف لائے تھے۔ خود ہی فرمایا "بھئی میں ہوں آغا حشر اور تم ہو شوکت آؤ ہاتھ ملاؤ اور یہاں سے فارغ ہو کر میرے ساتھ چلو۔" آغا صاحب کے ساتھ ان کے مستقر پر جا کر کچھ ایسا معلوم ہوا کہ گویا ہم ان سے آج ہی نہیں ملے ہیں مدتوں سے ملتے چلے آئے ہیں شفقت آمیز گالیوں کے ساتھ مفید مشوروں کی دولت اُس طرف سے

لٹائی جارہی تھی۔ اور حیرت انگیز سعادت کے ساتھ ہم مالا مال ہو رہے تھے۔ مشوروں سے بھی اور گالیوں سے بھی۔ کلکتہ سے واپس آ کر خط لکھے تو جواب تک ندارد۔ آخر کار تھوڑے ہی دنوں کے بعد موت نے ہندوستان کا ایک بہترین دماغ ہندوستان سے چھین لیا۔ آغا حشر کو در اصل خود بھی نہ معلوم ہو سکا کہ وہ کیا تھے۔ اپنے ڈراموں میں بھی وہ اتنے نمایاں نہیں ہیں جتنی در اصل ان میں صلاحیتیں تھیں۔

آنند نرائن مُلّا

اپنے والد کے نام کی سڑک پر لکھنؤ میں رہتے ہیں اور اپنے لئے ادب میں نئی راہیں نکال رہے ہیں بلکہ نکال چکے ہیں میرا خیال ہے کہ مجھ سے بہت خلوص سے ملتے ہیں۔ مگر پھر یہ دیکھ کر دل بیٹھ جاتا ہے کہ یہ خصوصیت تنہا میرے ساتھ نہیں بلکہ جس سے بھی ملتے ہیں خلوص ہی سے ملتے ہیں گویا خلوص عام ہو کر خلوص باقی نہیں رہا ہے عادت بن گیا ہے۔ پیشہ وکالت ہے مشغلہ شاعری اور ذوق ہے برج سے۔ گویا دماغ میں بیک وقت تعزیراتِ ہند۔ مصرعہ طرح اور ٹونو ٹرمپس گڈمڈ رہتے ہیں تعجب ہے کہ عدالت کو شعر کیوں نہیں سُنا بیٹھتے۔ مشاعرے میں شمع اپنے سامنے دیکھ کر "نو بِٹ" کیوں نہیں کہہ دیتے اور تاش کی میز پر بیٹھ کر جرح کیوں نہیں شروع کر دیتے۔

آپ کے ساتھ کبھی تاش کھیلنے کا اتفاق نہیں ہوا اور نہ قانونی قابلیت کا اندازہ کرنے کیلئے اپنے اوپر کوئی فوجداری کا مقدمہ چلوانے کی ہمت ہوئی۔ البتہ بحیثیت شاعر کے دیکھا ہے۔ پڑھا ہے۔ سُنا ہے اور سمجھنے کی کوشش کی ہے شعر میں اگر صرف ترنّم ہو تو ڈھول اور شعر میں کوئی فرق نہیں رہتا۔ ڈھول بھی دونوں طرف سے بجتا ہے اور درمیانی خلاء کی طرف کسی کی نظر بھی نہیں جاتی۔ اسی طرح شعر

کے جب دو مصرعے مل کر ترنم پیدا کریں تو مشاعرے کے سامعین کو شعر کی گہرائی میں جانے کی کوئی ضرورت نہیں مگر اس قسم کے ڈھول شعر کا پول کاغذ پر آکر کھل جاتا ہے جبکہ ترنم گونگا ہوتا ہے اور ناظر گہرائیاں ڈھونڈھتا ہے۔ ملا صاحب کے اشعار میں ترنم بھی کافی ہوتا ہے اور گہرائی بھی کافی۔ حالانکہ وہ خوش گلو نہیں بلکہ بدنام پڑھنے والوں میں سے ہیں جس طرح بچوں کا ایک کھلونا ہوتا ہے جسے کو کتے ہیں چھوٹے سے تاشے میں گھوڑے کی دم کا ایک بال باندھ کر پیچھے لیسے چاروں طرف گھماتے ہیں اور اس میں سے ایک دماغ پاش آواز آتی ہے۔ "غین غین غین" ملا صاحب پڑھتے تو اسی طرح ہیں مگر کہتے ہیں ایسا کہ کانوں کے علاوہ دل اور دماغ کی سماعتیں بھی بیدار ہو جاتی ہیں۔ اور مشاعرے کے علاوہ شعر کاغذ پر بھی ٹھمری کا کوئی بول نظر نہیں آتا۔ بلکہ شعر ہی رہتا ہے۔ کلام میں عصر جدید کا ٹھوس رجحان نمایاں ہے۔

کشمیری النسل ہیں حسین تو نہیں مگر دل کش ضرور ہیں۔ انگریزی لباس کبھی نہیں پہنا مگر ہندوستانی لباس میں بھی تعلیم یافتہ نظر آتے ہیں۔ خالی اوقات میں گنگناتے رہتے ہیں۔ اور اپنا کلام سنانے میں کبھی بخل سے کام نہیں لیتے۔ نثر میں بھی روانی ہے اور گفتگو میں بھی سنجیدہ قسم کی بیساختگی یا کبھی کبھی بے ساختہ قسم کی سنجیدگی۔

اثر لکھنوی

خان بہادر نواب مرزا جعفر علی خان اثر ایم۔ بی۔ ای وزیر ریاست کشمیر۔ ملے تو تھے آپ ایک مشاعرے میں شاعر کی حیثیت سے مگر جب گھر پہ ملنے آئے تو والد صاحب مرحوم نے کہا کہ ان کو بھائی صاحب کہا کرو یہ تمہارے بھائی ہیں۔ یعنی میرے بھتیجے۔ گویا مرکھپ کے ایک دوست ڈھونڈھا اس کو بھی قسمت نے بھائی بنا دیا۔

آ رہی ہے چاہِ یوسف سے صدا
دوست یاں تھوڑے ہیں اور بھائی بہت

مگر میرے بھائی صاحب اثر۔ یوسف کے بھائیوں کی طرح نہیں ہیں۔ ڈبونا تو کیا یعنی یہ تو مجھ کو اگر ڈوبا ہوا دیکھ لیں تو شاید خود بھی کنوئیں میں پھاند کر اپنی کچھ تازہ غزلیں سنانا شروع کر دیں۔ توم لگا لگا کر اسی کنوئیں میں پان کھلائیں گے! اور کلام سناتے رہیں گے۔ چائے کا وقت آ جائے گا تو وہیں سے پکاریں گے ”فیاض!“

بھائی کہتے ہی نہیں سمجھتے بھی ہیں میرا بھی یہ حال ہے کہ تین بچوں کا باپ ہو چکا ہوں۔ مگر ان کے سامنے سگریٹ پینے کو کسی طرح شراب پینے سے کم نہیں سمجھتا۔ حالانکہ میرے بہت سے دوست ایسے بھی ہیں جو اپنے ذاتی والد کے سامنے

نہ صرف سگریٹ پیتے ہیں بلکہ سگریٹ پی کر دھوآں والد صاحب کے رخ روشن پر چھوڑ دیتے ہیں۔ اثر صاحب شاعر اچھے ہیں یا نقاد اچھے؟ اس کا فیصلہ کرنے کا موقع تو جب ملتا کہ میں ان کو کسی حیثیت سے برا سمجھنے پر اپنے کو تیار کر سکتا مگر اس کا موقع کبھی نہ مل سکا۔

میں اگر مصور ہوتا تو شرافت کی تصویر کسی نمائش میں بھیجنے کیلئے اثر صاحب کی تصویر بناتا۔ وہی اُن کی شرمیلی شرمیلی سی تصویر۔ بڑھاپے میں اس بلا کی دوشیزگی میرے بھائی صاحب میں ہے کہ قربان ہو جانے کو دل چاہتا ہے۔ باتیں کیجئے تو معلوم ہو کہ نسائی لب ولہجہ میں جو لوچ ہوتا ہے وہ نسائیت کی کوئی ذاتی چیز نہیں ہے۔ نرم نرم الفاظ۔ میٹھی میٹھی آواز۔ لوچدار اندازِ بیان۔ جھکی جھکی آنکھیں اور ان سب پر سفید سفید مونچھیں۔ مگر مجھے تو ان بے موقع مونچھوں پر بھی غصہ نہیں آتا پیار ہی آتا ہے۔

شکل وصورت شریفوں جیسی کسی رذیل سے بات کریں تو وہ بھی شریف ہو جائے۔ جامہ زیب واقع ہوئے ہیں بنتے نہیں۔ بھاگوانوں کے سر پہ بال تو ہوا ہی نہیں کرتے۔ شفاف سا چمکدار سر تحت اللفظ پڑھتے ہیں شرما شرما کر شیروانی کا دامن مسل مسل کر اور داد کے شور میں اس طرح شرما جاتے ہیں گویا بھری محفل میں غلطی سے کوئی ناگفتہ بہ بات کہہ گئے ہیں۔ اور سلام اس طرح کرتے ہیں گویا معذرت خواہ ہیں۔

احسن مارہروی

احسن صاحب اب اس دنیا میں نہیں ہیں۔ جب میں ملا تھا اُس وقت بھی اچھے خاصے بزرگ ہو چکے تھے مگر سفید بالوں کے باوجود زندگی اور تازگی اس بلا کی تھی کہ مرنے کی خبر سُن کر حیرت ہی ہوگئی کہ مولانا احسن آخر کیونکر مر سکتے ہیں اور یہ شگفتہ کپاس کا پھول کیونکر مرجھا سکتا ہے۔ بڑھاپے میں بہت کم لوگ حسین ہوتے ہیں مگر احسن صاحب حسین تھے۔ جب محبت سے مسکراتے اور وفورِ مسرت سے ہکلاتے تھے۔ تو مخاطب کی آنکھوں میں بھی ان کا خلوص چمکنے لگتا تھا۔ بھوپال کے ایک مشاعرے کیلئے علی گڈھ سے تشریف لائے تھے۔ ادھر لکھنؤ میں چلا تھا۔ جھانسی میں تصادم ہو گیا اور جھانسی سے بھوپال تک پھر کیا مجال جو کسی اور سے باتیں کرنے کا موقع دیا ہو۔ حد یہ ہے کہ اونگھنے تک کی اجازت نہ تھی۔ لطیفے اور چٹکلے، شعر شاعری کی باتیں۔ زبان اور محاورات کے مسائل۔ آخر تھک کر میں نے کہا مولانا اب تو اس علمی فضا میں دم گھٹنے لگا۔ کہنے لگے اچھا تو اب عشق کرو کسی سے۔ عرض کیا آپ تو عشق پر وقت واقع ہوئے ہیں۔ کہنے لگے تو پھر لڑو مجھ سے۔ میں نے کہا آئیے دونوں بستر باندھنے کے کمالات دکھائیں۔ کہنے لگے ہار جاؤ گے۔ چنانچہ واقعی میں ہار گیا۔

بھوپال پہنچ کر ایک شاہی ضیافت میں دیکھتا کیا ہوں کہ مولانا صافہ باندھے کھڑے ہیں۔ میں نے بڑھ کر داد دی کہ خدا کی قسم مولانا شبلی کے استسقاء معلوم ہوتے ہیں آپ۔ بے اختیار ہو کر پیشانی پر بوسہ دیا۔ پھر چونک کر اِدھر اُدھر دیکھا اور معصومیت سے کہنے لگے "شکر ہے کسی نے دیکھا نہیں"

زبان اور ادب کے بہت بڑے محقق تھے۔ غلط زبان سن تک نہ سکتے تھے۔ مشاعروں میں ترنم کے سخت مخالف تھے۔ ساغر سے اکثر اس سلسلہ میں نونک جھونک رہتی تھی مگر اب تو اس خلوص سے لڑنے والے بھی میسر نہیں آتے۔

احسان دانش

ہم وطن نوجوان شاعر احسان دانش جس نے زندگی کے اس مختصر سے دور میں اُن تمام افتادوں کا مقابلہ کر لیا ہے جو ایک اوسط قسم کے بدقسمت انسان کو بڑھاپے تک نصیب ہوا کرتی ہیں۔ احسان نے مزدوری اور مزدور کو اپنی شاعری کا محض موضوع نہیں بنایا ہے بلکہ مزدوری اس شاعر کو خود اپنا موضوع پہلے ہی بنا چکی ہے۔ ٹوکریاں ڈھونے کے بعد اب وہ اوبیں ڈھو رہے ہیں۔ سر پر پہلے بوجھ رہا کرتے تھے اب سر تو خالی ہے مگر دماغ میں سودائے سخن۔ آواز اچھی ہے اور ترنم میں کہیں کہیں پر وہ ٹیس نمایاں ہو جاتی ہے جس کو ترقی پسند ادب کا طرۂ امتیاز تسلیم کیا گیا ہے۔

احسان پہلے مزدور تھے اور اب شاعر ہیں سوتے تو خیر اب تک زمین پر ہیں۔ مگر اب لحاف ریشمی ہوتا ہے اور جیب میں گھڑی بھی نظر آتی ہے تاکہ تضیع اوقات کی گواہی دیتی رہے مصائب اس قدر اٹھائے ہیں کہ اب جو راحت نصیب ہوتی ہے تو اس کو بھی مشکوک نظروں سے دیکھتے ہیں معاملات میں دانستہ جھوٹ نہیں بولتے مگر کلام کے مجموعوں میں جو تصاویر شامل ہیں وہ یقیناً جھوٹی

ہیں۔ احسان کو دبدبہ زیبی سے کبھی کوئی تعلق نہیں رہا۔ یہاں تک کہ ہزاروں سلام پہنچیں اُس خاتونِ مشرق کو جو احسان کے بچّوں کی ماں تک ہے، احسان کی رفیقۂ حیات ہونا تو درکنار۔ ع

اے ماؤ بہنو بیٹیو دُنیا کی عزت تم سے ہے

احسان خوب کہتے ہیں مگر خود ان کو نہیں معلوم ہوتا کہ وہ کونسی بات خوب کہہ گئے ہیں اپنے کلام میں خوب و زشت کا امتیاز ان کو نہیں ہوتا اور نہ وہ اپنے کلام کے انتخاب کے اہل ہیں جس کسی نے جو ترمیم پیش کر دی آپ قبول کر لیتے ہیں۔ اور اسی طرح اپنی بے شمار نظموں کا ناس مار چکے ہیں۔ خود اپنے شاگرد کو بھی اپنا اُستاد تسلیم کر لینے میں کبھی نہیں شرماتے۔ اپنے اوپر اعتماد تو بالکل ہے ہی نہیں اگر یہ کمی نہ ہوتی تو احسان آج اپنی موجودہ جگہ سے زیادہ اور کہیں زیادہ بلند نظر آتے۔

احتشام حسین

الٰہ آباد یونیورسٹی کے ایک مشاعرہ میں جانا ہوا۔ الٰہ آباد میں اویس احمد صاحب ادیب کے یہاں صبح کی چاء ایک سبزہ زار پر پی رہے تھے کہ ایک نستعلیق ٹائپ کے نوجوان اپنے تجلّی طور چمکانے والے دانتوں سے ہنستے ہوئے تشریف لائے اور ایک کرسی پر بیٹھنے والے ہی تھے۔ کہ اویس صاحب نے "احتشام صاحب" کا نعرہ بلند کر کے گرم گرم چاء ان کے پیروں پر گرادی وہ متانت سے کچھ تھوڑا سا اُچک کر ایک طرف ہو گئے۔ اویس صاحب نے بجائے معذرت کے فرمایا "آپ سے ملئے شوکت صاحب تھانوی"۔ وہ مصافحہ کی نیت سے اپنا ہاتھ لے کر بڑھے اور آخر وہی ہوا جس کو مصافحہ کہتے ہیں۔ یہ تھی احتشام صاحب سے پہلی ملاقات۔ اس کے بعد مشاعروں میں کبھی گورکھپور میں مل گئے کبھی لکھنؤ میں کبھی اندھیرے میں کبھی اُجالے میں۔ یکایک معلوم ہوا، کہ احتشام صاحب نے پڑھنا ختم کر کے پڑھانا شروع کر دیا ہے اور لکھنؤ یونیورسٹی کے شعبۂ اُردو و فارسی میں لکچرار ہیں۔ پہلے وہ صرف ادیب تھے اب ترقی پسند ادب کے علمبرداروں میں نظر آتے ہیں۔ لکھنؤ ریڈیو اسٹیشن پر اکثر ملاقاتیں نصیب ہو جاتی تھیں۔ نیا اور پرانا ادب تھوڑی دیر کیلئے درمیان سے اُٹھ جاتا تھا اور بے ادبی کا خلوص دونوں طرف

کارفرما نظر آتا تھا۔

احتشام صاحب میں پہلے کافی انفرادیت تھی مگر اب آپ شادی کر بیٹھے ہیں لہذا کچھ قرار واقعی سے ہو کر رہ گئے ہیں۔ اگر بچوں کی ریل پیل شروع ہو گئی۔ تو نیا اور پرانا دونوں قسم کا ادب چراغ رُخ زیبا لے کر احتشام کو ڈھونڈھے گا! اور احتشام کسی گوشہ میں بیک وقت "والدین" بنے ہوئے نظر آئیں گے۔

اختر شیرانی

رسائل میں کافی پڑھا ہے۔ یوں بہت کم دیکھا ہے اور جس قدر دیکھا ہے اُس سے بھی بہت کم سمجھا ہے۔ البتہ اس بات کی قسم کھائی جاسکتی ہے کہ عالمِ ہوش میں کبھی نہیں دیکھا۔ میں اپنی حیرت کے نشے میں تھا! ور وہ اپنے ذاتی نشے میں — سیراب تشنہ کام — میں نے اس بلا کی پیاس کبھی نہیں دیکھی۔ صحرا میں پیاس تو دیکھی ہے مگر دریا کے اندر بھی پیاس؟ —

اختر شیرانی کے شاعر ہونے پر ایمان ہے۔ پڑھ پڑھ کر جھومے ہیں گنگنائے ہیں۔ مگر اختر شیرانی کو دیکھ کر ایک دھچکا بھی لگا ہے۔ دل چاہا ہے کہ کوئی یہ کہہ دے کہ یہ اختر شیرانی نہیں ہیں اور جب کسی نے کہا ہے کہ یہی ہیں اختر شیرانی تو ایسا معلوم ہوا ہے کہ گویا ہماری ہنسی اڑ رہی ہے۔ ہم کو طعنہ دیا جا رہا ہے ہمیں چھیڑا جا رہا ہے۔

ارشد تھانوی

زبان پہ بارِ خدایا یہ کس کا نام آیا،
کہ میرے نطق نے بجائے میری زبان کے بوسے لینے کے مشورہ یہ دیا کہ۔ ع۔
ہے ادب شرط منہ نہ کھلواؤ

اور واقعی بات بھی کچھ ایسی ہی ہے چھوٹا منہ بڑا بھائی! ور بڑا بھی کتنا کہ اگر شادی میں بلاوجہ دیر نہ ہوئی ہوتی تو اس سعادت آثار بھائی کے برابر خوردان کے برخوردار ہو سکتے تھے۔ ایک دادا کے ہم دونوں پوتے ضرور ہیں مگر عمر میں فرق اتنا ہے کہ ارشد صاحب کو بھائی جان کہتے ہوئے بھی یہ محسوس ہوتا ہے کہ گویا ان کے شایانِ شان یہ رشتہ نہیں ہے کم سے کم چچا جان تو کہیں۔

آپ اس وقت کے شاعر ہیں جب اس خاکسار کا وجود فطرت کے جوفِ دماغ میں محدود تخیل تھا۔ ہوش کی آنکھیں کھول کر بھائی جان کو صاحبِ دیوان شاعر پایا۔ رسالوں میں اپنی نظمیں چھپوانے تھے اور پھر ہم لوگوں کو سنانے کیلئے کسی نہ کسی کو سنا ضرور دیتے تھے مطلب یہ ہوتا تھا کہ "بیٹی کو کہیں تا کہ بہو ریا کے کان ہوں" ہمارے خیال میں مقصد ہوتا تھا ہم پہ رعب جمانا چنانچہ رعب جم کر رہتا تھا

اور ہم بچپن ہی سے یہ سمجھتے تھے کہ ہمارے بھائی جان جو ہیں یہ کوئی بہت بڑے آدمی ہیں یعنی اتنے بڑے آدمی کہ رسالے والوں نے ان کا نام اور پتہ چھپوا کر رکھ لیا ہے اور ہر مہینے اُسی چھپے ہوئے پتے میں لپیٹ لپیٹ کر نہ جانے کون کون سے رسالے اور اخبار اور کتابیں ان کے پاس بھیجتے رہتے ہیں۔

جب شعر سمجھنے کا شعور نہ تھا اُس وقت اُن کے ترنّم سے ڈرا کرتے تھے یعنی نا سمجھی ہی میں یہ سوچا کرتے تھے کہ جس کو گانا نہ آئے وہ آخر گانے کی کوشش ہی کیوں کرے۔ جب شعر سمجھنے کے قابل ہوئے تو ترنّم پر اور بھی غصّہ آنے لگا کہ آخر اتنے قیمتی اشعار کو اس بھیانک ترنّم سے کیوں ذلیل کیا جاتا ہے مگر سمجھاتے کیسے آخر صورت یہ نکالی کہ خود بھائی جان کے اشعار ان سے سننے کے بجائے رسایل میں چھپے ہوئے پڑھ لیا کرتے تھے۔ اور جہاں انہوں نے سنانے کیلئے اپنا گلکہ کھاکر چشمہ لگایا اور ہم شیروانی کندھے پر ڈال یہ جا اور وہ جا۔

آخر رعب کی بھی ایک حد ہوتی ہے سعادتمندی کی بھی ایک انتہا ہے سوچا کہ اب دوستی پیدا کی جائے ان بزرگ محترم سے۔ مگر اس کی تقریب مہیّا کرنا بجائے خود ایک مرحلہ تھا۔ ایک مرتبہ بھائی جان اپنی تمام بزرگی سمیٹ کر بھوپال سے لکھنؤ تشریف لائے۔ نہایت سئے دیے رہے اور ہم بھی سمٹے سمٹائے سوکھے سہمے بنے رہے۔ جب آپ واپس جانے کیلئے لکھنؤ اسٹیشن پر تشریف لا کر پلیٹ فارم پر ٹہلنے لگے اور ہم ازرہ سعادت برتھ پر بستر لگانے چلے آئے تو یکایک دوستی کی تقریب سوجھ گئی

قریب ہی بیٹھے ہوئے ایک مسافر سے پوچھا:۔

"آپ کہاں تشریف لے جا رہے ہیں۔"

"بھیلسہ"

"بہت ہی اچھا ہوا! اب مجھے پورا اطمینان ہو گیا۔ بات یہ ہے کہ یہ صاحب جو جا رہے ہیں جن کا میں بستر بچھا رہا ہوں۔ یوں تو خیر اب اچھے ہیں علاج سے بہت فائدہ ہوا ہے مگر آپ پھر بھی راستہ میں ذرا خیال رکھئے گا۔ ایک تو کھڑکی کی طرف نہ آنے دیجئے گا دوسرے ذرا منہ ہٹا کر بات کیجئے گا شاید حملہ کر بیٹھیں۔"

"کیا مطلب۔ یعنی۔ کچھ۔"

"جی ہاں دماغ بالکل خراب ہو گیا تھا مگر اب بہت فائدہ ہے پھر بھی احتیاط شرط ہے۔"

ٹرین روانہ ہو گئی۔ وہ بھوپال چلے گئے اور ہم گھر آ گئے۔ بھول بھی گئے کہ کیا ہوا تھا۔ پانچویں روز والد صاحب کے نام ایک لمبا چوڑا خط آیا۔ وہ پڑھتے جاتے تھے۔ اور ہنستے جاتے تھے آخر وہ خط ہم کو دیا گیا کہ ملاحظہ فرمائیے اپنے کرتوت خط میں پوری تفصیل ایک افسانہ کی صورت میں درج تھی کہ کیونکر اس مسافر نے آپ کو اور آپ نے اس کو پاگل سمجھا۔ یہاں تک کہ جب کانپور کے قریب آپ گنگا کا نظارہ کرنے کیلئے کھڑکی کی طرف بڑھے تو اُس مسافر نے اس بُری طرح ڈانٹا ہے کہ بھائی جان کی طبیعت ہی خوش ہو گئی۔ مگر صبح ہونے پر جب اس مسافر نے صحیح الدماغی کا پورا یقین کر لیا تو

سارا قصہ سنا دیا کہ کس طرح آپ کے برادرِ عزیز نے یہ گُل کھلایا تھا۔ دوستی تو خیر یہیں سے ہو گئی تھی مگر اس کے بعد متعدد مرتبہ شرارتوں کی ضرورت بے تکلفی پیدا کرنے کے لئے پیش آئی اور الحمدللہ کہ اب بھائی جان صرف بڑے بھائی نہیں ہیں بلکہ بے تکلف دوست بھی۔ پہلے شعر کہتے تھے اب بچے فرماتے ہیں صاحبِ دیوان بننے کا ذوق صاحبِ اولاد بننے کے ذوق کی صورت اختیار کر چکا ہے بھوپال میں صرف وکالت ہی نہیں فرماتے ہیں مردم شماری میں اضافہ بھی آپ ہی کے سپرد ہے مگر اپنی تمام اولادوں سے زیادہ محبت اسی "عزیزم سلمہٗ" سے ہے۔ میاں اور بیوی میں باہم اس قدر اعتماد ہے کہ وہ پابندی کے ساتھ شیو کرنا ضروری نہیں سمجھتے اور وہ کنگھی چوٹی کے جھمیلوں میں وقت برباد نہیں کرتیں۔ دونوں ایک دوسرے کے دکھ سہہ لیتے ہیں۔ لڑ لیتے ہیں۔ وہ ان کے لئے کھانا پکا دیتی ہیں اور وہ ان کے لئے چائے بنا دیتے ہیں۔ دولت نہیں ہے مگر قلندرانہ زندگی مزے میں گذر رہی ہے۔

آج کل شاعری میں سیاست کو بہت دخل ہے قومی نظمیں فرماتے ہیں مشاعروں کے شاعر نہ پہلے تھے نہ اب ہیں۔ بلکہ اگر کبھی مشاعرے میں شعر خوانی کی مصیبت نازل ہی ہو گئی ہے تو پھانسی کے تختے پر جانے والی ادا کے ساتھ ڈائس پر تشریف لے گئے ہیں۔ اور غزل اس طرح تحت اللفظ ارشاد فرمائی ہے گویا مسجد شہید گنج کے متعلق تقریر بھی کر رہے ہیں اور کرپان سے ڈر بھی رہے ہیں۔

کتب بینی کا بے حد ذوق ہے۔ کتاب پڑھتے پڑھتے ایک دم بستر سے

اُچھل کر باورچی خانے میں پہنچ جاتے ہیں اور بیگم کے سر پر سوار کہ سنو بیگم۔ لاحول ولا قوۃ ذرا سُن تو لو۔ کس قدر لاجواب بات ظالم نے لکھ دی ہے"۔ پتیلی چھَن مَن کر رہی ہے آپ بیگم کو سنا رہے ہیں کتاب اور وہ فرما رہی ہیں خلال کہ یکایک کوئی بچہ بھد اک سے گرا کیچڑ میں پھسل کر اور اسی بہانے یہ تمام ادب نوازی ملتوی ہو گئی۔

اخبار کے انتظار میں چشمہ لگائے لوٹا بھرے، گنگا کھلائے بیٹھے رہتے ہیں یا دفع الوقتی کیلئے ٹہل مارتے پھرتے ہیں۔ جہاں اخبار آیا۔ لوٹا سنبھالا۔ اخبار لیا اور تیر کی طرح غسل خانے میں جا پہنچے۔ اگر خدانخواستہ کسی پریس ایکٹ کے ماتحت یہ تمام اخبار بند کر دیئے جائیں تو معلوم نہیں ہمارے بھائی جان بیچارے کا قبض کے مارے کیا حال ہو۔

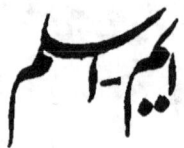

ایم-اسلم

سرپنچ کی ادارت کے زمانے میں میاں ایم-اسلم سے خط و کتابت کی تھی۔یہ خط و کتابت اُس وقت کام آئی جب پہلی مرتبہ لاہور آنے کا اتفاق ہوا۔آپ ہی کے یہاں قیام کیا۔لاہور کی مچھلی اور لکھنؤ کے آم دونوں آپ کے یہاں بیک وقت میسّر تھے۔اور یہاں بات بات پہ سکنجبین۔

میں میاں ایم-اسلم کی مزاح نگاری کو ان کی زبردستی اور افسانہ نگاری کو ان کا آرٹ سمجھا کرتا تھا جب ملا تو اندازہ ہوا۔کہ ایسا غمزدہ انسان جس کو حادثات نے بجھا دیا ہو اگر مزاح نگار ہو سکتا ہے تو محض انتقاماً۔فطرت سے انتقام لینے کیلئے ورنہ وہ تو خود سراپا ٹریجڈی واقع ہوئے ہیں۔ان کو اپنی منہ بولی بچی اصغری کی وفات کا جو صدمہ ہے اس نے زندگی ہی کو ایک مستقل ماتم بنا دیا ہے۔

ٹائی باندھتے ہیں مگر پتلون کبھی نہیں پہنا۔لکھنے پڑھنے کا ذوق تصانیف سے ظاہر ہے مگر شکار کی دلچسپی کا اندازہ کرنے کیلئے بندوق شریف کی زیارت ضروری ہے افسانے لکھتے ہیں اور گولیاں چلاتے ہیں اسکے علاوہ نہ کوئی دلچسپی نہ کوئی مشغلہ اپنی آزادی کے خود ہی گرفتار ہیں صاحبِ اولاد نہیں البتہ صاحبِ تصانیف کثیرہ ہیں۔تصنیف مصنف کی اولاد ہوتی ہے اس اعتبار سے اسلم صاحب بھی درجنوں بچوں کے باپ ہیں۔افسانہ نگاری اور ناول نگاری دونوں آپ کے کھیت کی مولیاں ہیں۔

اصطفا خاں

عجیب متضاد شخصیت۔ عطر کی تجارت اور شاعری کا ذوق۔ داڑھی اور پٹے اور اسکیٹنگ میں اپنی آپ نظیر۔ نماز اور روزہ بلیرڈ اور شوٹنگ۔ حج بھی خدا جانے کتنے کر چکے ہیں اور لندن بھی نہ جانے کتنی مرتبہ ہو ہو کر جوں کے توں واپس آ گئے ہیں۔ ادبی ذوق میں بھی تجارت کو دخل ہے کارخانہ عطر اصغر علی محمد علی کا اشتہار ادبی رسائل میں چھپ رہا ہے اور اصطفا خاں صاحب کا ادبی ذوق بھی سیراب ہو رہا ہے۔ تجارت تحت اللفظ فرماتے ہیں۔ اور شعر ترنم سے پڑھتے ہیں۔ داڑھی اور شاعری کے معاملہ میں اپنی اولاد کے جھرمٹ میں اس طرح کھو جاتے ہیں کہ امتیاز دشوار ہو جائے۔ سب بچوں کے والد نما داڑھیاں اور خود بچوں کی طرح شعر خوانی کیلئے موجود۔

گھر کئی مرتبہ ویران ہوا۔ مگر ہر ویرانی کے بعد جب آنکھ کھلی تو گھر کی طرف یہی کہتے ہوئے دوڑے کہ واہ۔ ع۔

ہم بیابان میں ہیں اور گھر میں بہار آئی ہے

عمر ایک معمہ ہے۔ اپنے بچپن سے اس تقریباً بڑھاپے تک خانصاحب کو ایک ہی رنگ میں دیکھا۔ گویا عمر ایک جگہ پر ٹھہر گئی ہے حد یہ ہے کہ خود آپ کے

بچے بڑھ بڑھ کر آپ کے برابر کے نظر آنے لگے مگر آپ اپنی جگہ سے ٹس سے مس نہ ہوئے۔

آپ کو اپنے کارخانہ کے عطر حنا پر ناز ہے حالانکہ ہونا چاہیے اپنے اس شعر پر ناز ہے

خدا کسی کو کبھی صاحبِ غرض نہ کرے
سخی ہے کون یہ دستِ سوال کیا جانے

معلوم نہیں آپ سے یہ شعر کس ضرورت نے کہلوا دیا تھا۔

گرمیوں میں منصوری اور جاڑے میں لکھنؤ میں پائے جاتے ہیں اگر ان دونوں جگہ نہ ہوں تو مدینہ منورہ یا پیرس میں احتیاطاً ڈھونڈھ لیجئے۔

اصغر گونڈوی

روزنامہ ہمدم میں عملۂ ادارت کے ایک رکن قاضی محمد حامد صاحب حسرت بھی تھے۔ آدمی با اخلاق تھے یعنی اکثر دعوتیں کیا کرتے تھے۔ ایک مرتبہ آپ کے یہاں ایک صاحب سے ملاقات ہوئی۔ روشن روشن۔ صاف صاف۔ نکھرے نکھرے سے ادھیڑ عمر کے وجیہہ آدمی۔ خوبصورت فرنچ کٹ داڑھی۔ سر پر پٹے۔ ہنستی ہوئی آنکھیں۔ اور دل کی سچائی چہرہ پر متبسم معلوم ہوا کہ آپ ہیں اصغر گونڈوی۔ اصغر تک تو خیر غنیمت تھا۔ مگر یہ گونڈوی اور بہلوی کیا بلا ہے۔ ایسے سنجیدہ آدمی کے نام کا ایک جز و گونڈوی کچھ اچھا نہیں معلوم ہوا۔ اپنی شاعری کا ذکر تک نہیں کیا میرے مزاحیہ مضامین کے تذکرے شروع کر دیئے۔ رشید صاحب صدیقی کا ذکر بار بار محبت سے کرتے تھے اور گفتگو کا رخ ہوتا تھا میری طرف۔ بہر حال اس پہلی ملاقات میں بقول اصغر کے۔ ع۔

اصغر سے ملے لیکن اصغر کو نہیں دیکھا۔

دوسری مرتبہ گورکھپور کے ایک مشاعرے میں مل گئے۔ بڑی خصوصیت سے ملے۔ ان سے مل کر ایسا معلوم ہوتا تھا جیسے گرمیوں میں برف کا پانی پی رہے ہیں۔ یا جاڑے میں تاپ رہے ہیں۔ مشاعرے کا دور آپ ہی پر آ کر ختم ہوا مگر آپ جو

ڈائس پر تشریف لے گئے تو آب آواز نہیں نکلتی۔ شرما رہے ہیں۔ بیٹھے ہوئے بیزار ہیں اپنی شاعری اور اس مشاعرے کی شرکت سے اور رحم طلب نظروں سے دیکھ رہے ہیں میری طرف میں بڑھ کر ڈائس پر آ گیا۔ غزل ہاتھ سے لے کر پڑھنا شروع کر دی۔ اور اُن کی جان میں جان آئی۔ تیسری مرتبہ لکھنؤ کی ایک سڑک پر مل گئے۔ کہنے لگے چلو میڈیکل کالج۔ میں نے کہا خیریت، کہنے لگے رشید بیمار ہیں۔ لئے ہوئے رشید صاحب صدیقی کے پاس میڈیکل کالج پہنچے۔ ان سے تمام باتیں کیں۔ مگر بیماری کے متعلق ایک بات بھی نہ کہی نہ مزاج پوچھا نہ دعا دی ہنس بول کر چلے آئے۔

الہ آباد میں ملے تو ان کی سمجھ میں نہ آتا تھا کہ کس طرح بچھ جائیں۔ تکلف کرتے تھے مگر تکلف کی طرح نہیں۔ محبت کرتے تھے مگر چاہتے تھے کہ اس پر محبت کا گمان نہ ہو۔

شاعری پیشے کے طور پر نہیں تھی اور نہ شاعر کی حیثیت سے کبھی کوئی شعر کہا بلکہ معلوم یہ ہوتا تھا کہ جس شعر کے اعمال خداوند کریم کے نزدیک صالح ہوتے ہیں۔ اس کو اصغر سے کہلوا دیتا ہے۔ تمام نشاطِ روح اسی قسم کے خوش اعمال اشعار کی جنت ہے۔

اعجاز حسین

سیّد اعجاز حسین۔ الٰہ آباد یونیورسٹی کے پروفیسر اور مختصر تاریخ ادب اردو کے مؤرخ ہیں۔ ظاہر ہے کہ اچھّے خاصے مرد آدمی ہونگے مگر باتیں سنئے تو بھولی بھولی۔ صورت دیکھئے تو معصوم سی دل کا حال خدا جانے یا ڈاکٹر حفیظ سیّد۔ ہمیشہ محبّت سے ملے اور تکلّف کو دُور سے آتا ہوا دیکھ کر ہمیشہ کترا گئے۔ شعر کہتے ہیں خوب کہتے ہیں مگر بہت کم اور شاید کبھی کبھی جب غصّہ اتارنے کو کوئی نہیں ملتا ہے تو شاعری پر غصّہ اتارا جاتا ہے یہاں تک کہ ایک غزل ہو جاتی ہے۔ پڑھتے کبھی نہیں سنا اور صورت سے اندازہ بھی یہی ہوتا ہے کہ آپکا پڑھنا نہ سن کر ہم کسی نقصان میں نہیں رہے ہیں۔

افسر میرٹھی

حامد اللہ افسر میرٹھی بچپن سے آپ کی نظمیں پڑھ رہے ہیں مگر اب بھی آپ ہمارے برابر ہی نظر آتے ہیں معلوم نہیں یہ لوگ تھرماس میں بیٹھ کر اپنی عمر کو ایک جگہ قائم رکھتے ہیں یا مصری ممی پر لگانے والا مسالہ کہیں سے ہاتھ آ گیا ہے۔

افسانہ نگار بھی ہیں اور شاعر بھی۔ پروفیسر بھی ہیں اور ممتحن بھی۔ عقد ثانی سے قبل آپ کے کچھ دوست بھی پائے جاتے تھے مگر اس قندِ مکرّر کے بعد سے تو یہ حال ہے کہ ع۔

فارغ ز خزانے و ہم از باغ و بہارے

لے بی آسٹن کی طرح کا مُنّا سا قد۔ بات بات پر کھوکھلی ہنسی جو زبردستی اپنے کو خوش اخلاق ثابت کرنے کیلئے لوگ ہنسا کرتے ہیں۔ دن رات بس یہی فکر کہ ادھر کس طرف سے روپیہ سمیٹا جائے گھر میں دن رات ریڈیو اپنی پوری آواز کے ساتھ کھلا رہتا ہے تاکہ گھریلو باتیں نشر ہونے سے بچ جائیں اور یہ آواز ان کو دبا لے۔

صاحب اولاد نہیں ہیں مگر اس کی چنداں فکر بھی نہیں ہے۔ لوگوں کا خیال ہے کہ دوسری شادی اسی غرض سے کی گئی ہے مگر ہم کسی کی غرض پر حملہ کیوں کریں شادی کیلئے اولاد کے علاوہ اور اغراض بھی ممکن ہیں۔

ہر وقت کسی ادبی مصروفیت کا اظہار ہوا کرتا ہے حالانکہ ادبی مصروفیت کیلئے آپ فارغ ہی کب ہیں؟

افقر موہانی

آفاقہا گردیدہ ام لیکن تو چیزے دیگری

اقبال

لاہور آنے کا شوق سب سے زیادہ اس لئے تھا کہ سر محمد اقبال سے ملینگے چنانچہ ملے شاعرِ اعظم انتہائی سادگی کے ساتھ ایک مونڈھے پر بیٹھے ہوئے حقّے سے شغل فرما رہے تھے! اور لکھنؤ کے ایک مجذوب نوجوان شاعر مجازی صاحب آپ کے پاس بیٹھے تھے۔

تعارف کے بعد لکھنؤ اور لاہور کا ذکر چھڑا ہی تھا کہ مجازی صاحب نے کہا:-

"میرا مطلب یہ ہے ڈاکٹر صاحب کہ اگر آپ کی زبان بھی درست ہوتی تو ــــ

ڈاکٹر صاحب نے بات کاٹ کر کہا "تو سبحان اللہ"

مجازی صاحب نے کہا "یہی نہیں بلکہ ایک بات ہوتی"۔

ڈاکٹر صاحب نے میری طرف متوجہ ہو کر فرمایا "مجازی صاحب میرے حال پر ترس کھا کر لاہور تشریف لے آئے ہیں تاکہ میری زبان درست فرماتے رہیں میں اب آپ ہی سے مشورہ لونگا"

مجازی صاحب اس طرح متانت سے بیٹھے رہے گویا ڈاکٹر صاحب جو کچھ کہہ رہے وہ درست ہے۔

میں نے عرض کیا "ڈاکٹر صاحب یہ خدا کو ہی نہیں مانتے۔ آپ تو پھر بھی خدا

کے بندے ہیں۔"

ڈاکٹر صاحب نے کہا "اسی لئے تو میں خوش ہوں کہ یہ مجھے بھی نہیں مانتے یہ ایک طرف ہیں اور میں اور میرا خدا ایک طرف۔"

مجازی صاحب نے تمسخر سے فرمایا "ہیضہ۔ خدا۔"

ڈاکٹر صاحب نے گھبرا کر کہا "زیادہ حد ادب"

اس کے بعد مجازی صاحب تو اپنے ناخنوں سے میل نکالتے رہے اور یہاں گفتگو نہ جانے کہاں کہاں ہوتی ہوئی رفیع احمد خاں صاحب تک پہنچ گئی جن کا ایک شعر میں نے ڈاکٹر صاحب کو سنایا تھا۔ رفیع احمد خانصاحب عریاں کہتے ہیں۔ مگر ڈاکٹر صاحب نے اصرار کرکے ان کے بہت سے شعر سنے اور کہنے لگے کہ خیریت ہے کہ یہ صاحب اس رنگ میں کہتے ہیں ورنہ بڑے بڑوں کا پتہ نہ چلتا کہ کدھر گئے۔ اس رنگ کے خود بھی اکثر شعر سنائے۔

ان کی زبان درست تھی یا نہیں وہ حقہ کہتے تھے یا حُقّہ مگر یہ واقعہ ہے ان سے ملنے کے بعد ان کی وہ عظمت جو کتابوں سے حاصل ہوئی تھی میرے دل میں دوگنی ہو گئی لکھنؤ جا کر اپنی نظموں اور غزلوں کا مجموعہ گہرستان میں نے بھیجا۔ اس کو پڑھ کر جو خط مجھے لکھا ہے اُس سے اس عظیم المرتبت شخصیت کی رفعتوں کا اندازہ ہوتا ہے۔ پھر کچھ دن خط و کتابت رہی مگر افسوس کہ ان کا وقت آچکا تھا! در میں نے ملنے میں بہت دیر کی تھی۔ پھر دوبارہ نہ مل سکا +

اکبر حیدری

پہلی مرتبہ جب علی گڈھ یونیورسٹی کی جوبلی میں ملاقات ہوئی تو میں سمجھا تھا کہ کسی رجواڑے کے پرائیویٹ سکریٹری ہیں یا کہیں تعلقہ دار ہونگے مونچھوں پر وہی نیبو رکھ لینے والا تاؤ۔ باتیں ذرا تیز اور دبنگ قسم کی تیور سپاہیانہ۔ پتہ چلا کہ آپ تو شاعر ہیں اکبر حیدری ہیں۔ میں نے کہا اللہ اکبر! علی گڈھ میں کچھ بدمزگی سی رہی سیماب صاحب اور اکبر حیدری صاحب میں ذرا تیز قسم کا تبادلۂ خیال ہوگیا تھا۔ دوسری مرتبہ دہلی میں ملا خود ان ہی کے گھر پر بلکہ ان کے گھر پر دعوت میں حکیم یوسف حسن نیرنگ خیال والے عشرت رحمانی جو اُس وقت نیرنگ کے ایڈیٹر تھے نسیم انہونوی ہر پنچ والے سب جمع تھے معلوم نہیں کس طرح حکیم یوسف حسن صاحب اور نسیم انہونوی صاحب میں یوپی اور پنجاب کی بحث چھڑ گئی۔ دونوں میں تیز بحث ہونے لگی جسکو نسیم صاحب لڑائی سمجھ رہے تھے اور یوسف حسن صاحب مذاق! اکبر حیدری مرحوم دونوں کو سمجھا رہے تھے کبھی اپنا میکا پنجاب کو بتاتے تھے اور کبھی اپنی سسرال یو۔پی کو۔ عشرت اور شوکت دونوں خاموش تماشائی تھے اس لئے کہ کھانا مزیدار تھا

اکبر حیدری بہت اچھے دوست بڑے منہ پھٹ نقاد۔ بڑے زود گو شاعر اور بڑے جنگجو ادیب تھے۔ شلوار پہن کر قاف اس صفائی سے کہتے تھے کہ شلوار چھوٹی نظر آنے لگتی تھی۔ گوروں کو اُردو پڑھاتے تھے اور اس مشغلہ سے اس قدر مطمئن تھے گویا ہفت اقلیم کی شہنشاہی حاصل ہے۔ عشرت رحمانی سے بہت خصوصیت برتتے تھے اور عشرت کو بھی حاضر غائب ہمیشہ ان کا مداح پایا۔ +

امیدامیٹھوی

ابوالکمال امیدامیٹھوی۔ جلال لکھنوی کے شاگرد اور بہت سے منحرف اور معترف شاگردوں کے استاد ضعیف العمر۔ غمزدہ۔ اور پامال قسم کے انسان ہیں پہلے تھانیدار تھے اب سخنور ہیں۔ کلام استادانہ ہوتا ہے۔ فن کے ماہر ہیں مگر گفتگو کریں تو سمجھ میں نہ آئے شعر خواہ کسی بحر کا ہو پڑھنے مثنوی کے انداز سے ہیں لے سمجھ میں آجاتی ہے الفاظ سمجھنے کی کوشش کرنا پڑتی ہے۔ اگر کوئی گفتگو سمجھ لیتا ہے تو اس کو اندازہ ہوسکتا ہے کہ کس قدر شفقت میں ڈوبے ہوئے الفاظ فرما رہے ہیں ورنہ عام طور پر گفتگو صرف یہ سمجھ میں آتی ہے کہ گویا لوٹا بھق بھق کر کے کسی حوض میں ڈوب رہا ہے ۔

امین سلونوی

میرے سب سے پہلے ادبی دوست ہیں۔ اور حیرت ہے کہ ہم دونوں اس قدر سخت جان نکلے کہ زندہ بھی ہیں اور ایک دوسرے کے دشمن بھی نہیں بنے۔ جتنے پرانے ہم دونوں دوست ہیں اتنے پرانے تو دشمن بھی نہیں ملا کرتے۔

آپ رسالہ نظر لکھنؤ کے ایڈیٹر تھے اور ہم مضمون نگار۔ اسی زمانہ میں نیاز حاصل ہوا تھا اس حادثہ کو اٹھارہ انیس برس ہو چکے ہیں۔ امین صاحب اس زمانہ میں غازی بننے کے شوق میں مبتلا تھے یعنی انور بے کی طرح کی مونچھیں چہرہ پر مائل بہ پرواز نظر آتی تھیں۔ الہ دین کے موکل دیو کے سر پر اسی قسم کے سینگ کسی قلمی تصویر میں آپ نے دیکھے ہونگے۔ آپ تو معلوم نہیں غازی بن سکے یا نہیں البتہ مونچھیں شہید ہو گئیں۔ رسالہ نظر بند ہوا۔ امین صاحب نہ معلوم کہاں کہاں اور کس کس منزل سے گذر کر روزنامہ اودھ اخبار کے عملۂ ادارت میں جا پہنچے مگر یہ ملازمت تو محض شگون کے طور پر گویا جینے کیلئے کر رکھی ہے ورنہ آپ کا اصلی کام ہے خود اپنی خبر رساں ایجنسی کو چلانا جو انڈپینڈنٹ نیوز سروس کے نام سے لکھنؤ میں قائم ہے۔ اور یہ قیامت کا وارفتہ انسان کولھو کے بیل کی سی مشقت کرنے کے بعد اس خبر رساں ایجنسی کو کامیابی کے ساتھ چلا رہا ہے۔

صورتاً بڑے شریف زادے نظر آتے ہیں۔ مگر اس سنجیدگی کے پردے میں جو شوخیاں تڑپا کرتی ہیں، اُن کو کچھ وہی لوگ خوب جانتے ہیں جو امین صاحب کے ساتھ کبھی ہم سفر ہو چکے ہیں یا کم سے کم مشاعرے میں آپ کے ہمراہ شریک ہوئے ہیں مشاعرے میں جس سنجیدگی سے آپ مہمل اشعار کی داد دیتے ہیں۔ وہ آپ ہی کا حصّہ ہے۔ کسی شاعر نے کوئی مہمل شعر پڑھا تمام مشاعرہ خاموش رہا صرف امین صاحب جھوم جھوم کر چیخ رہے ہیں، ''ہائے ہائے پھر فرمائیے جناب پھر فرمائیے آپ نے صنعتِ تداخلِ فصلین پیش کی ہے۔'' شاعر سلام کر رہا ہے اور مہمل شعر بار بار پڑھے جاتا ہے۔ اب کیا مجال کہ امین صاحب کو کوئی خاموش کر دے جس کسی نے اشارے سے منع کیا۔ امین صاحب نے اسی کی طرف شاعر کو متوجہ کر دیا کہ ''دیکھئے آپ بھی داد دے رہے ہیں حضرت یہ تو انتفاتے جذ رہے شعر کا نفس مقیاس السعود بنا جا رہا ہے۔'' شاعر اس ''فاموسئے'' کا لوہا بھی مان رہا ہے اور سلام بھی کر رہا ہے اس قسم کے منظر ہر اس مشاعرے میں آپ کو مل جائینگے جس میں امین صاحب کے قدم پہنچ گئے ہیں۔ انتظامی قابلیت بلا کی ہے جو کام آپ حشر پر ملتوی کرانا چاہتے ہوں امین صاحب کے سپرد کر دیجئے ہمیشہ آپ کو مطمئن رکھینگے اور کام بھی نہ ہو سکے گا۔ رفاہِ عام کے کاموں سے بے حد دلچسپی ہے مثلاً شیروانی اس لئے بنواتے ہیں کہ آپ کے انتخاب سے دوسرے فائدہ اٹھائیں۔ ایک ایک کو دکھاتے پھرینگے کہ دیکھو کس قدر ارزاں کتنا دیدہ زیب اور کیسا مضبوط کپڑا ہے پھر یہ کہ ٹسکڑ تا تو ایسا ہے کہ دنیا تم پہنو اور دھل کر

آئے تو تمہاری اولاد کے کام آسکتا ہے۔ اس کے بعد دوسری دھلائی میں بھی بیکار نہیں ہوتا ننھی کا گدڑا بن سکتا ہے۔

خوبیاں یوں تو بہت ہونگی جو انتہائی یگانگت کی وجہ سے اس گھر کی مرغی ہیں نظر نہیں آتیں مگر کفایت شعار ضرور ہیں اور یہ خوبی دوستوں کو عیب کی حد تک نظر آتی ہے۔ لکھنا اور پڑھنا تو خیر جانتے ہی ہیں اس کے علاوہ کھانا پکانا۔ کپڑے دھونا۔ اچار اور مربے تیار کرنا وغیرہ بھی جانتے ہیں مگر اس بے تکلفی کے باوجود آج تک یہ نہیں بتایا ہے کہ جعلی نوٹ بنانا بھی جانتے ہیں یا نہیں+

انیس احمد عباسی

لکھنؤ کے روزنامہ حقیقت کے مدیر اعلیٰ ہیں میونسپل کمشنر بھی ہیں اور لکھنؤ میں اچھی خاصی ذمہ دارانہ حیثیت سے زندگی بسر کر رہے ہیں یا شاید زندگی آپ کو بسر کر رہی ہے۔

پہلے لکھاڑ ہیں جب جی چاہتا ہے نہایت دبنگ قسم کے ایڈیٹر بن جاتے ہیں۔ مگر کبھی کبھی مقالاتِ افتتاحیہ سے "میاؤں" کی آواز بھی آجاتی ہے مجبوری کی بات دوسری ہے۔ ورنہ فطرتاً ان کی رائے نہایت بے لاگ اور آزاد ہوا کرتی ہے صحافت کے تمام داؤں پیچ جانتے ہیں سید جالب ایسے "بابائے صحافت" کے محبوب شاگرد رہ چکے ہیں اور کبھی کبھی آپ کی تحریر میں استاد مرحوم کا رنگ پھوٹ نکلتا ہے۔ مدت سے روزنامہ حقیقت کو بغیر کسی سہارے کے قطعاً توکل پر چلا رہے ہیں آج اخبار نکل جاتا ہے اور کل کی کبھی فکر نہیں ہوتی مگر اس بے سروسامانی کے باوجود آپ کو تھالی کا بینگن بنتے ہوئے کبھی نہیں دیکھا گیا۔ سادگی اور وضع داری یہ ہیں وہ خصوصیات جن کے قائل آپ کے مخالفین بھی ہوں گے۔ گریجویٹ ہیں مگر سادگی کے بدولت مڈل پاس بھی مشکل ہی سے معلوم ہوتے ہیں۔ ترکی ٹوپی اور کبھی کبھی گاندھی کیپ بہرحال جو ٹوپی

بھی ہو سر پر منڈھ کر رہ جاتی ہے پھر کیا مجال کہ سر سے کبھی اُتر جائے۔ جاڑے میں اسی ٹوپی پر ایک گلوبند باندھ لیا جاتا ہے۔ چھڑی کا سہارا لے کر میلوں کا سفر کر جاتے ہیں دفتر آئے۔ گھر گئے۔ سسرال ہو آئے۔ پارٹیوں میں شرکت کی بورڈ کی میٹنگ میں حاضری دی اور سب جگہ ہوتے ہواتے اسی چھڑی کے سہارے رات کو دس بجے گھڑی کی سوئی کے ساتھ خان بہادر شیخ احمد علی عرف ڈلن صاحب کے یہاں موجود ہیں۔ تاش کھیل رہے ہیں ہنس بول رہے ہیں۔ دوسروں کے دُکھ سُن رہے ہیں اپنا دُکھ کسی کو نہیں سناتے۔

صورت سے یتیم نظر آتے ہیں مگر چپکے چپکے سیکڑوں یتیموں اور بیواؤں کی مدد کرتے رہتے ہیں کوئی ضرورت مند آپ کے پاس پہنچ جائے تو اس کی ضرورت کو اپنی ضرورت پر مقدم سمجھیں گے پھر خود چاہے ڈنڈے بجاتے پھریں مگر خوش ہوتے ہیں کہ ضرورتمند کی ضرورت پوری ہو گئی۔ کئی بار کہا کہ انیس بھائی یا تو فقیری لے لیجئے یا انسانوں کی صورت بنا لیے۔ کہتے ہیں کہ تم مزاح نگار ہو مذاق کر رہے ہو۔ کاش کوئی سنجیدگی سے انیس بھائی کو سمجھا دیتا۔

انصار ناصری

سید انصار علی ناصری۔ رسالہ ساقی دہلی کے دفتر میں سب سے پہلے ملاقات ہوئی افسانے اور مضامین اس سے بھی پہلے دیکھ چکے تھے ملے تو ان کو اپنے سے بھی کم عمر اور اپنے سے کچھ زیادہ مہذب پایا۔ پھر ہر مرتبہ دہلی کے سفر میں ملاقات ہوتی رہی کبھی ہمدرد ہے کبھی ریڈیو اسٹیشن پر کبھی شاہد صاحب کے یہاں مگر یہ ملاقاتیں یوں ہی آداب عرض تسلیمات عرض۔ مزاج تو اچھا رہا آپ کی دعا ہے۔ بھئی وہ مضمون خوب تھا۔ قسم کی رسمی ملاقاتیں تھیں۔

لکھنؤ ریڈیو اسٹیشن پر ہم تو خیر تھے ہی یکایک دیکھتے کیا ہیں کہ آپ بھی بسلسلۂ ملازمت چلے آرہے ہیں۔ پھر کیا تھا تقریباً تین چار سال دن رات کا ساتھ رہا ساتھ ساتھ ناچے ساتھ ساتھ گائے۔ لڑے جھگڑے۔ روٹھے۔ منے۔ دھول دھپا۔ ہا ہا ہو ہو

انصار پہلے کافی لکھتے تھے۔ ریڈیو میں کیا آئے اپنے ادب کے قبرستان میں آگئے پھر قسم کھانے کو بھی کچھ نہ لکھا البتہ ایک اچھے پروڈیوسر بن گئے ڈرامہ آپ کی خاص لائن ہے اور ڈائرکشن عبادت کے سے انہماک کے ساتھ فرماتے ہیں الفاظ کے مد و جزر کے ساتھ آپ کے جسم میں بھی جوار بھاٹے کی کیفیت نمایاں ہو

جاتی ہے۔ پس منظر موسیقی کے ساتھ غیر ارادی طور پر تھرک رہے ہیں غیر محسوس طور پر ناچ رہے ہیں پیش کش کامیاب رہی تو قلا بازیاں کھا رہے ہیں تمام اداکاروں پر سے صدقے ہوئے جاتے ہیں۔ ناکام رہی تو پیشانی پر رہ رہ کر ہاتھ مارتے ہیں اور ایسا گہرا اثر لیتے ہیں گویا کوئی حادثہ ہو گیا ہے۔

ایک اچھے ادیب تھے مگر بہت اچھے پروڈیوسر بن گئے ہیں۔ ریڈیو کیلئے موزوں ترین شخصیت ہیں اپنے کو ماحول کے مطابق ڈھال لینے میں کمال حاصل ہے۔ ان تمام خوبیوں میں ایک برائی بھی ہے کہ خلوص پر اعتماد نہیں کرتے۔ چونکتے رہتے ہیں۔ اس خوبصورت ہرن کو اپنے باغ میں ہر طرف شکاری نظر آتے ہیں معلوم نہیں یہ وحشت کیوں ہے۔

اویس احمد ادیب

نسیم صاحب انہونوی کی معرفت ہمارے دوست ہیں پہلے الٰہ آباد یونیورسٹی کے طالبعلم تھے اب حلیم انٹر کالج کانپور میں پروفیسر ہیں ایم اے ہیں بی اے آنرز ہیں منشی فاضل ہیں اور نہ معلوم کیا کیا ہیں البتہ تخلص "ادیب" یونہی برکت کیلئے ہے شعر نہیں کہتے یہ دوسری بات ہے کہ نثر ہی میں کبھی مقطع کہنے کی ضرورت پیش آتی ہو اسکے علاوہ تو تخلص کی اور کوئی وجہ سمجھ میں آتی نہیں

پاکٹ سائز کے واجبی سے آدمی ہیں۔ قدرت نے آپ کو اس سرحد پر مرد بنایا ہے کہ اگر ذرا ہاتھ بہک جاتا تو عورت ہو جاتے پھر بھی بہت سی ادائیں دلستان ہیں ہر چند کہ شادی شدہ ہیں صاحبِ اولاد ہیں مگر ایک اچھوتا پن اب تک پایا جاتا ہے۔ شرمیلے ہیں نگاہوں میں عفت کی چمک پائی جاتی ہے اگر کوئی ذرا تیز اور کھلی ہوئی بات آپ سے کہہ دی جائے تو فوراً آپ اپنے تیوروں سے کچھ جھینپ کر یہی کہتے ہیں کہ۔ ع۔ ہم بہو بیٹیاں یہ کیا جانیں

نہ معلوم کیا کیا لکھتے رہتے ہیں۔ فلموں پر اور فلم اسٹارس پر چند کتابیں لکھ چکے ہیں افسانے بھی لکھتے ہیں اور تنقیدی مضامین بھی۔ تحریر میں شگفتگی اور روانی دونوں ہیں مگر عبارت میں کبھی کبھی ژولیدگی پائی جاتی ہے +

بسمل الہ آبادی

سکھدیو پرشاد سہا بسمل الہ آبادی۔ پہلے الہ آباد میں بھبوٗد کے دو سامان تھے اکبر اور امرود اب اکبر تو رہے نہیں امرودوں کا ساتھ بسمل نے دیا ہے بسمل الہ آبادی حضرت نوح ناروی کے تلامذہ میں سے ہیں اور اپنے استاد پہ جو ناز اس شاگرد کو ہے شاید ہی کسی اور شاگرد کو اپنے استاد پر ہوگا ہر مشاعرہ میں اپنا کلام سنانے سے پہلے ایک آدھ رباعی اس قسم کی پڑھ دیتے ہیں جس سے یہ معلوم ہو جائے کہ آپ نوح کے شاگرد ہیں مثلاً ایک مصرعہ یاد ہے۔ ع

شاگرد ہوں میں نوح سے طوفانی کا

حالانکہ پڑھتے اس طرح اکڑ کر ہیں گویا شاگردی کا ذکر نہیں کر رہے ہیں بلکہ یہ کہہ رہے ہیں کہ۔ ع

استاد ہوں میں عرفی و خاقانی کا

پڑھنے کا انداز عدم تشدد کے منافی ہے آواز بلند ہے مگر اس کو بھی انتہائی بلندی پر پہنچانے کی کوشش فرماتے ہیں بیٹھ کر پڑھ رہے ہوں تو ہر وقت کھڑے ہو جانے کا امکان رہتا ہے معلوم ہوتا ہے کہ کسی اسپرنگ پر تشریف فرما ہیں۔

پڑھتے ترنّم سے ہیں مگر کچھ الفاظ دانتوں میں اور کچھ ناک میں آکر اپنی ساخت بدل دیتے ہیں مثلاً آپ کا مصرعہ ہے۔ ع۔

موت آکے الٹ دے گی نقاب ہستی

اس کو اس طرح پڑھینگے۔ ع۔

مونت آکے وولٹ دینگی نقابنہین ہستی

کلام میں شگفتگی اور روانی ہے مشاعرے میں چھا جانے کی ترکیبیں بھی جانتے ہیں ———— اور کلام بھی ایسا ہی ہوتا ہے مشاعرے کے باہر یعنی شاعر ہونے کے علاوہ بھی دلچسپ پر خلوص اور دوست قسم کے آدمی ہیں۔

بہزاد لکھنوی

سردار حسین بہزاد لکھنوی کو میں بہزاد کے علاوہ سردار حسین کی حیثیت سے بھی اس وقت سے جانتا ہوں جب وہ بہزاد کم اور سردار حسین زیادہ تھے۔ طالب علم کی حیثیت سے ان کو اس معاملہ میں شہرت حاصل تھی کہ بنتے بہت ہیں۔ زمین کی باتیں بہت کم کہتے تھے ہر بات آسمان سے کم بلندی کی نہ ہوتی تھی۔

"بھئی سردار حسین یہ شیروانی کا کپڑا تو خوب ہے۔"

"ہاں یہ مگر اب تو مل ہی نہیں سکتا۔ دو شیروانیوں کا بنا تھا ایک شیروانی ڈیوک آف کناٹ کی بن گئی دوسری یہ ہے۔"

آواز میں بھی تصنع ہوا کرتا تھا۔ بات کرتے ہوئے چہرہ بھی بڑے آدمیوں کی طرح کا بن جاتا تھا۔ ایک دور وہ آیا کہ آپ نامی لکھنوی کے شاگرد کی حیثیت سے مشاعروں میں داد لیتے نظر آئے۔ پھر جو دیکھا تو ایسٹ انڈین ریلوے میں ٹکٹ کلکٹر ہیں اور ایسی وردی پہنے پھر رہے ہیں کہ ہر طرف سے لیبر مکس نظر آتے ہیں۔ اسی ریلوے کی ملازمت نے اختلاج کا مرض پیدا کر دیا۔ نوکری چھوڑ دی۔ ولی اللہ بن گئے۔ نوکری اور داڑھی دونوں ساتھ ساتھ چھوڑی گئیں۔ داڑھی اور اختلاج بڑھتے ہی

رہے۔ یہاں تک کہ گلے میں ہر وقت مصنوعی گریبان نظر آنے لگا! اور آپ اس سے دل بہلاتے نظر آنے لگے ؎

میرا ہی گریباں ہاتھ بھی میرے تم کو اس سے مطلب کیا
کیوں روک رہے ہو دنیا والو مجھکو دل بہلانے دو

آپ کی شہرت میں آپ کے کلام کے علاوہ آپ کے گریبان اور اختری بائی فیض آبادی کو بھی کافی دخل ہے۔ بہزاد اچھا کہتے ہیں۔ پڑھتے اس سے بھی اچھا ہیں لیکن اگر کم کہا کریں۔ اور زود گوئی کے کمالات کا مظاہرہ چھوڑ دیں تو اس سے بھی زیادہ اچھا کہہ سکتے ہیں۔ ان میں پوری صلاحیت موجود ہے جس کو جلدی میں وہ خود سمجھنے کی کوشش نہیں کرتے +

پریم چند

جس زمانہ میں اودھ اخبار کی میں ادارت کر رہا تھا منشی پریم چند بھی مطبع نولکشور کے شعبۂ تصنیف و تالیف کے ایک رکن تھے۔ اکثر ملاقاتیں رہا کرتی تھیں صورت دیکھنے سے وہ اتنے بڑے آدمی کبھی نظر نہ آتے جتنے بڑے دراصل تھے حالانکہ صافہ تک باندھ کر انہوں نے خود دیکھ لیا۔

چھوٹی چھوٹی مگر تیز آنکھیں۔ کچھ پہاڑیوں کی طرح کا رنگ چہرے پر ذہانت مگر اتنی نہیں جتنے دراصل ذہین تھے۔ گریجویٹ تھے مگر دیہاتی نظر آتے تھے۔

ایک مرتبہ رسالہ نیرنگ خیال نے مجھ کو لکھا کہ منشی پریم چند کا ایک افسانہ کسی طرح دلواؤ۔ میں نے منشی صاحب سے کہا کہنے لگے "بھئی شوکت صاحب تم اس قسم کی باتوں میں نہ پڑا کرو اب نتیجہ یہ ہوگا کہ ایک تو افسانہ لکھنا پڑے گا دوسرے منہ مانگے دام بھی نہ ملینگے"۔ میں نے کہا "افسانہ تو خیر لکھنا پڑے گا مگر دام منہ مانگے ہی لیجیے گا ورنہ افسانہ بھیجیے گا"۔ کہنے لگے "یہ کیونکر ہو سکتا ہے چاہئے تو یہ کہ دام ہی نہ لوں مگر اس طرح تم زندگی بھر کیلئے مصیبت میں مبتلا ہو کر میرے لئے بھی عذاب بن جاؤ گے لوگ کہینگے کہ پریم چند تالا ہے اور شوکت اس کی کنجی"۔ آخر افسانہ لکھا۔ وی۔ پی میں نے

خود کیا اس لئے کہ پریم چندجی نے رقم مقرر کرنے سے انکار کر دیا تھا۔

اکثر ملاقاتیں رہتی تھیں شرط صرف یہ تھی کہ نہ اپنا کوئی مزاحیہ مضمون سنانا نہ مجھ سے کبھی افسانہ سنانے کو کہنا مگر کبھی کبھی یہ ہوتا تھا کہ کاغذ ہاتھ میں لئے ماتھے پر عینک لگائے قلم روشنائی میں تر چلے آرہے ہیں۔ "ارے بھئی شوکت صاحب حضرت آدمؑ کی بیوی کا کیا نام تھا" عرض کیا "دادی کا نام بھول گئے" کہنے لگے "یہی کیا کم ہے کہ دادا کا نام یاد رہا" عرض کیا "حوا" — "حوا۔ حوا" کہتے ہوئے واپس پھر کبھی ہم پہنچ گئے "منشی جی رکشا بندھن کی تاریخ کیا ہے" اس کے جواب میں ایک پورا لکچر سن لیا پان کھا لیا لیمنڈ پی لیا چلے آئے۔

ادھر اخبار تک یہ ملاقاتیں رہیں منشی جی بنارس چلے گئے اور ہم اپنے مشاغل میں مصروف رہے پھر ان کا انتقال ہو گیا اور ہم سے یہ بھی نہ ہو سکا۔

پطرس

سیّد احمد شاہ بخاری پطرس کنٹرولر آف براڈ کاسٹنگ اِن انڈیا۔ رسائل میں آپکے مضامین پڑھا کرتے تھے اور دوسروں کو پڑھ پڑھ کر سنایا کرتے تھے کہتے ہیں سویرے جو کل آنکھ میری کھلی۔ بائیسکل۔ اگر سچ پوچھئے تو مزاح نگاری میں سب سے بڑا عیب شاعری کی طرح یہ ہے۔ کہ مزاح نگار کو اس بات کا یقین ہی نہیں آتا کہ اس سے بڑا مزاح نگار بھی کوئی اور ہے مگر پطرس کے مضامین پڑھ پڑھ کر کم سے کم مجھے ہر وقت یہ اندازہ ہوتا رہا کہ مزاح نگاری میں یہ شخص کس قدر بلند و بالا ہے اور میں کس قدر پست۔ پطرس کی سطح پر پہنچ کر جب میں نے اپنے کو تلاش کرنے کی کوشش کی تو یہ معلوم ہوا کہ قطب مینار کی آخری منزل پر چڑھ کر اوپر سے مولانا سہا کو دیکھ رہا ہوں جو سبزہ زار پر ایک موہوم سے نقطہ کی شکل میں متحرک نظر آرہے ہیں۔

ریڈیو میں تقریروں کے سلسلہ میں دہلی جانا ہوا۔ کنٹرولر صاحب سے نہیں، پطرس سے ملنے ان کے دفتر گیا۔ سر سے لے کر پیر تک ایک انسانی شکل کا دماغ اپنی کرسی پر بیٹھا کام میں مصروف تھا۔ بہت ہی خندہ پیشانی سے ملے۔ واجبی سی باتیں ہوئیں۔ اور آخر وعدہ کر لیا کہ آپکے نئے مجموعۂ مضامین پر مقدمہ میں لکھونگا۔

کچھ دنوں کے بعد ہم خود ریڈیو میں ملازم ہو گئے۔ مجموعہ کی ترتیب کے وقت

پطرس صاحب کو احتیاطاً ان کا وعدہ یاد دلایا۔ جواب آیا کہ اب صورت حال کچھ اور ہے اب نہ آپ کے لئے مناسب ہے کہ مجھ سے مقدمہ لکھوائیں نہ میرے لئے مناسب کہ میں لکھوں۔ بات سچی تھی چپ ہو رہے۔

ذہین کہنا پطرس کی توہین نہیں ہے البتہ مجھے یہ ڈر معلوم ہو رہا ہے کہ ذہانت میں ان کے دماغ کی تمام کیفیت سما بھی سکتی ہے یا نہیں۔ کچھ سمجھ میں نہیں آتا کہ اتنا بڑا دماغ ایک محدود سے سر میں کیونکر آ رہا ہوگا۔ سنا ہے کہ انگریزی کے بہت بڑے ادیب تسلیم کئے جاتے ہیں میں کہتا ہوں کہ اردو ہی کے کونسے چھوٹے ادیب ہیں بہت کم لکھا ہے مگر جو کچھ لکھا ہے وہ ترازو کے ایک پلّہ میں اور دوسرے میں ادب اردو کے مزاح کی تمام کائنات (اس کائنات میں اکبر الہ آبادی شامل نہیں ہیں) ایمانداری سے تولئے۔ ڈنڈی نہ ماریئے تو پطرس ہی کا پلّہ بھاری نظر آئے گا۔ شکر ہے کہ میں ریڈیو کی ملازمت سے سبکدوش ہو کر یہ لکھ رہا ہوں ورنہ اس کو ایک قسم کا قصیدہ ہی سمجھا جا سکتا تھا۔ میری میز پر مضامین پطرس کا ایک نسخہ ہر وقت موجود رہتا ہے لوگ چرا لے جاتے ہیں تو اس کی جگہ دوسرا فوراً آ جاتا ہے۔ میرے مزاح میں اگر کہیں کہیں پطرس سے سرقہ نظر آئے تو آپ مجھ کو چور نہ سمجھیں قصہ دراصل یہ ہے کہ پطرس مجھ پر طاری ہو کر رہ گئے ہیں۔ اور میں بے ساختگی میں ان کا اسلوب اتفاقاً چرا لیتا ہونگا۔ ریڈیو نے تو ایک بہت اچھا کنٹرولر پا لیا ہے مگر ادب اردو سے ایک بہت بڑا ادیب چھین کر اپنے قبضہ میں کر رکھا ہے کاش پطرس اب بھی کبھی کبھی لکھتے رہیں سال میں صرف ایک مضمون سہی +

پیارے لال شاکر میرٹھی

دودھ کے دانت اچھی طرح نہ ٹوٹے تھے کہ بھائی جان (ارشد تھانوی) کے دوستوں سے دوستی پیدا کرنے کا شوق ہوا۔ بھائی جان کے دوستوں میں ایک صاحب تھے اسماً ہندو۔ مذہباً عیسائی۔ تخلصاً مسلمان اور صورتاً کچھ بھی نہیں محض انسان۔ یہ تھے منشی پیارے لال شاکر میرٹھی۔ ادیب اور العصر ایسے رسائل کے ایڈیٹر۔

ایک تصویر میں ادھر ارشد صاحب ہیں۔ ادہر محمد حسین صاحب محوی پیچھے شاکر صاحب اور ان سب کے بیچ میں ایک بچہ بیٹھا ہوا ہے گرینٹ کی شیروانی پہنے۔ نہ کی ٹوپی۔ دبلا پتلا۔ سوکھا سہما۔ یہ بچہ وہی ہے جو اس وقت یہ نقشہ کھینچ رہا ہے۔

شاکر صاحب نے ہمیشہ بزرگوں کا سا برتاؤ رکھا۔ ارشد صاحب تو بے تکلف دوست بن بھی گئے مگر شاکر صاحب نے اپنی بزرگی نہ چھوڑی لکھنؤ ریڈیو اسٹیشن پر اکثر ملتے تھے سلام کے جواب میں ہمیشہ "جیتے رہو کہتے ہیں" بات کچھ عجیب سی معلوم ہوتی ہے مگر خوشی بھی ہوتی ہے۔ اس جیتے رہو میں جو مامتا ہے وہ کسی اور جواب میں کہاں ممکن ہے۔

شاکر صاحب کی ادبیت کا شباب ہمارا بچپن تھا۔ ہمارا شباب اُن کا بڑھاپا بن گیا اب وہ کچھ پنشنر سے نظر آتے ہیں۔ نہ وہ پہلی سی شگفتگی ہے نہ وہ زندگی۔ کچھ کچلے کچلے سے نظر آتے ہیں۔ اگر غیور نہ ہوتے تو پوچھنے کی جرأت ہو سکتی تھی کہ کیا گزر رہی ہے۔ مگر اس سوال کی ہمت کس میں ہے۔

تاج

(سیّد امتیاز علی)

نئی نئی اردو سیکھی تھی مولوی محمد اسمٰعیل میرٹھی کی ریڈریں پڑھ رہے تھے۔ کہ بھائی جان (ارشد تھانوی) نے اخبار پھول ہمارے نام جاری کرادیا سب سے پہلے جب اخبار پھول ہمارے نام آیا ہے تو خوشی کا عالم نہ پوچھئے گویا ہم بھی اس قابل ہو گئے کہ ہمارے نام ڈاک آنے لگی پھر جب ہمارا چھپا ہوا پتہ آنے لگا تو گویا اور بھی اپنی قدر و قیمت کا احساس ہوا کہ جناب ہم وہ ہیں کہ ہمارا نام چھپ کر آتا ہے۔

اسی اخبار پھول کے زمانہ سے سید امتیاز علی تاج سے غائبانہ تعارف تھا یہاں تک کہ ہم اخبار پھول کے مضمون نگار بھی ہو گئے۔ ہم تو خیر خاک ہوئے تھے مضمون نگار بھائی جان نے ہمارے نام سے کہانیاں لکھ لکھ کر چھپوانا شروع کر دی تھیں اور اکڑتے ہم تھے۔

بچپن کا یہ نقش اُس وقت ابھرا جب سید امتیاز علی تاج کا پہلا مزاحیہ افسانہ "چچا چھکن نے تصویر ٹانگی" پڑھا۔ اس کے بعد مزاح نگاروں کی فہرست میں ہم سب کے نام ساتھ ساتھ لئے جانے لگے۔ پہلی مرتبہ جب لاہور آئے تو دارالاشاعت میں سید امتیاز علی تاج سے ملنے گئے۔ لکھنوی تراش کا کرتا چوڑی دار پاجامہ سلیم شاہی جوتا پہنے

ہوتے انارکلی کے مصنف سے ملاقات ہوئی۔ خوبصورتی کے ساتھ مسکرا مسکرا کر پان چبا رہے تھے۔ دیر تک اِدھر اُدھر کی باتیں ہوتی رہیں پہلی ملاقات تھی لہذا رسمی تکلفات ہی میں ختم ہو گئی

پھر سید امتیاز علی تاج کے ریڈیو ڈرامے سن سن کر اُن سے قریب رہے۔ انکے ڈرامہ کی صلاحیت کو تسلیم کیا۔ ریڈیو ڈراموں کے بعد ان کے فلمی افسانے خاندان اور مینڈا کی صورت میں دیکھے اور بلاوجہ خوش ہوتے رہے غالباً اس میں وطنیت کا جذبہ تھا ہموطن ہیں اور اچھل رہے ہیں لہذا ہم کو بھی اچھلنا چاہیے منشی جی نامی ڈراموں کا مجموعہ شائع کرنے کے وقت دوسرے حصے کے مقدمہ کے لئے سید صاحب کو لکھا مگر جواب ندارد۔ تکلیف ہوئی مگر خاموش رہ گئے۔

اب پنچولی آرٹ پکچرس میں آنا ہوا تو سید صاحب سے نسبتاً تفصیلی ملاقاتیں ہوئیں ان کے ڈراموں کی سوجھ بوجھ کے اب بھی قائل ہیں۔ برجستگی اس قسم کے لوگوں میں ذرا کم باقی رہ جاتی ہے جو ادب کو تجارت بنا لیں ہم لوگ قلم کے مزدور ہیں یہ ہمارا شوق ہی نہیں بلکہ روٹی بھی ہے۔ مگر امتیاز علی تاج میں ابھی تک برجستگی۔ تازگی اور اُپج باقی ہے عام راستے سے کترا کر اپنے لئے راستہ نکالتے ہیں۔ مگر بعد میں وہ راستہ شارع عام بن جاتا ہے اور امتیاز صاحب اپنے لئے کسی نئے راستہ کی تلاش میں مصروف ہو جاتے ہیں۔ تخلص معلوم نہیں کیوں ہے۔ شاعر تو ہیں نہیں مگر تخلص یقیناً بیکار تو رکھا نہ ہوگا۔ شاید شروع شروع میں کبھی کچھ کہا ہو یا آئندہ کہنے کا ارادہ ہو اور حفظِ ماتقدم کے طور پر تاج رکھ لیا ہو

اگر یہ تخلص امتیاز صاحب نہ رکھ چکے ہوتے تو علامہ تاجور نجیب آبادی کو غالباً اپنے تخلص میں خواہ مخواہ کا "ور" لگانے کی ضرورت نہ ہوتی۔

امتیاز صاحب ہنس ہنس کر باتیں کرتے ہیں۔ بڑی میٹھی زبان ہے اور بڑا دل آویز اندازِ گفتگو ہر چند کہ خالص تجارتی آدمی ہیں مگر صورت سے بالکل ساہوکار نظر نہیں آتے اور نہ ایک خرّانٹ قسم کے سرمایہ دار بلکہ تجارت بھی تاجر بنکر نہیں ادیب ہی بنکر کرتے ہیں۔ البتہ زیادہ سے زیادہ یہ کہا جا سکتا ہے کہ خوش قسمت ادیبوں میں ہیں جو ادب کی گود میں پلکر ادبی فضاؤں میں پروان چڑھے ہیں اور اُن کو ہوش کی آنکھیں کھول کر اپنے لئے میدانِ عمل سجا سجایا۔ بنا بنایا مل گیا تھا۔ دوسرے ادیب خود کنواں کھود کر پانی پیتے تھے ——— یہ پانی پی کر اگر دل چاہتا ہے تو کنواں کھود لیتے ہیں ورنہ ایسے پیاسے نہیں ہیں کہ کنواں ضرور ہی کھودیں۔

لاہور آکر اور امتیاز صاحب سے ملکر اس راز کا انکشاف ہوا ہے کہ آپ گھوماؤ پھراؤ کے ساتھ ہمارے کچھ عزیز بھی ہیں رشتہ سمجھ میں نہیں آیا ہے کہ کیا ہے مگر یہ طے ہو چکا ہے کہ رشتہ ہے ضرور کچھ نہ کچھ۔ خدا کرے کچھ اچھا ہی رشتہ ہو +

تاجور نجیب آبادی

مولانا تاجور نجیب آبادی ایک مرتبہ لکھنؤ تشریف لے گئے تھے حکیم آشفتہ صاحب نے آپ کو دعوت دی تھی اور یہ خاکسار بھی اس دعوت میں شریک تھا اب تک وہی ایک ملاقات ہے جو مولانا سے ہوئی —— نہایت بھاری بھرکم شاعر ہیں کلام بھی ٹھوس اور خود بھی ٹھوس۔ تحت اللفظ پڑھتے ہیں اور پڑھنے میں ہانپتے جاتے ہیں۔ دوسری مرتبہ جب آپ سے ملنے گیا تو باہر ہی سے بھاگ آیا۔ کمرہ سے نہایت خوفناک آوازیں آرہی تھیں بعد میں معلوم ہوا کہ مولانا سو رہے تھے اور یہ آوازیں خراٹوں کی تھیں ۔

تبسّم نظامی

ماموں ہیں ساغر نظامی کے مگر بھانجہ گردانتے ہیں تمام دنیا کو۔ ہونا یہ چاہیے تھا کہ عادات و اطوار بھانجے میں ماموں کے آتے ـــــ مگر ان ماموں نے بھانجے کی ادائیں اپنانے کی پوری کوشش کی ہے اور یہ ادائیں اس لیے بھونڈی نظر آتی ہیں کہ ساغر کی ان اداؤں کے پس منظر ان کا حسن۔ ان کی ذہانت ان کی ادبی شہرت اور ان کی آواز وغیرہ ہے۔ مگر آپ کی ان اداؤں کے پس منظر آپ خود ہی ہیں۔ نہ حسن ہے نہ غیر معمولی ذہانت نہ ادبی شہرت اور نہ آواز مگر یہی خیال کیا کم ہے کہ میں ایسے شہرۂ آفاق بھانجے کا ماموں ہوں۔ اگر تبسم صاحب ساغر کے ماموں نہ ہوتے تو شاید اپنی انفرادیت کا کچھ بھرم رکھ لیتے مگر ع

ڈبویا ان ہونے نے نہ ہوتے یہ تو کیا ہوتے؟

ساغر صاحب کے طفیل میں نیاز حاصل ہوا تھا۔ پھر ایک مرتبہ لکھنؤ میں آپ مہمان ہوتے اور وہ بھی اس طرح کہ دفتر سے گھر آ کر معلوم ہوا کہ کوئی صاحب مہمان آئے ہوئے ہیں جنھوں نے آتے ہی ملازم کو مارنے کے علاوہ باقی سب کچھ کہہ سن کر برطرف کر دیا ہے اور خود گھومنے گئے ہوئے ہیں۔ حیرت ہوئی کہ یا اللہ ایسا کون مہمان ہو سکتا ہے جس کو

یہ گھر والے جانتے بھی نہیں اور جس کو حقوق انہنے حاصل ہیں کہ ملازم تک کو اپنے ذاتی اختیار سے کام لیکر برطرف کر دیا ہے۔ بہت دماغ لڑایا کہ ہمارے کون کون سے چچا یا ماموں یا خالو یا پھوپھا وغیرہ ایسے ہوسکتے ہیں جو از رہِ شفقت تشریف لے آئے ہوں۔ بغیر کسی اطلاع کے اور ضروری نہ سمجھا ہو اپنا تعارف کرانا گھر والوں سے مگر سمجھ میں کچھ نہ آیا۔ تھوڑی دیر کے بعد دیکھتے کیا ہیں کہ ہمارے تو نہیں ساغر صاحب کے ماموں بھنبھناتے ہوئے تشریف لا رہے ہیں۔ دل کو اطمینان ہو گیا کہ اپنے نہ سہی اپنے دوست کے ماموں ہیں لہذا اپنے ہی ماموں ہوتے۔ آتے ہی کہنے لگے۔

"سخت بدتمیز ملازم رکھتے ہیں آپ یعنی اس کو یہ بھی تمیز نہیں کہ گفتگو کرنا بجائے خود ایک فن ہے۔"

عرض کیا "مجھے سخت ندامت ہے مگر آخر ہوا کیا۔"

برہمی سے بولے "ہونا کیا یعنی میں کہتا ہوں کہ کمرہ کھولو اور وہ کہتا ہے کہ ہم تو آپ کو پہچانتے نہیں۔ گویا ایک شاعر چور ہو سکتا ہے ایک ادیب لفنگا ہو سکتا ہے"

ندامت سے عرض کیا "وہ جاہل ہے۔ اور تعلیمیافتہ ملازم رکھنے کی استطاعت نہیں ہے۔ بہر حال آپ نے اچھا کیا کہ اُس کو سزا دیدی"۔

شیروانی ٹانگ کر بولے "بہر حال۔ کھانے میں کیا دیر ہے"

دست بستہ عرض کیا "تیار ہے" اور فوراً ہی کھانے کا انتظام کر دیا۔ تبسم صاحب نے اِس عرصہ میں لباس تبدیل کیا۔ اور کھانے پر آ گئے۔ مگر کھانا دیکھ کر آگ بگولہ ہی

تو ہو گئے۔

"ایک شاعر کی قیمت بس یہی ہے"

حیرت سے پوچھا "میں سمجھا نہیں۔ کیا مطلب ہے آپ کا؟"

فرمایا "یعنی بس یہ کھانا سبحان اللہ۔ ایک ادیب اور ایک شاعر کی کیا خوب قیمت مقرر کی ہے آپ نے"

کھانا یقیناً روز مرہ کا تھا تکلف قطعی نہ تھا مگر اس وقت جو ندامت ہو رہی تھی وہ کچھ عجیب قسم کی تھی یعنی اپنے اوپر یا اپنے کھانے پر شرم نہیں آ رہی تھی بلکہ تبسم صاحب پر شرم آ رہی تھی کہ یہ اس قسم کی باتیں کیوں کرتے ہیں۔

وہ دور گذر گیا تبسم صاحب عرصہ تک غائب رہنے کے بعد پھر جو ملے تو بالکل دوسری چیز تھے نہ وہ تیزی نہ وہ تصنع بلکہ کچھ سلجھے ہوئے سے آدمی تھے۔ ارادہ ہوا کہ اُن سے شکایت کریں کہ آپ کہیں اُدھر کیوں ٹھہرے ہیں، مگر ڈر لگا کہ گھر پہنچ کر اگر یہ پہلے ہی جیسے ہو گئے تو پھر نیا ملازم ڈھونا پڑے گا۔

ثاقب لکھنوی

مرزا ذاکر حسین قزلباش۔ اس قدر ضعیف کہ عمر کا اندازہ کرنے سے جی گھبرانے لگتا ہے مگر دل چاہتا ہے کہ ابھی اور زندہ رہیں۔ ایسے لوگ پھر کہاں ملینگے۔ لوگ کہتے ہیں کہ ع

اگلے وقتوں کے ہیں یہ لوگ انہیں کچھ نہ کہو

اور میں کہتا ہوں کہ۔ ع

اگلے وقتوں کے ہیں یہ لوگ انہیں تو خوب کہو

آنکھوں سے تقریباً معذور ہیں ضعیفی اپنے شباب پر ہے۔ بٹاری کے انگوروں کی طرح ضرورت اس کی ہے کہ روئی کے پھاہوں میں ان بزرگوں کو حفاظت سے رکھا جائے مگر اب تک مشاعرہ باز حضرات ان بیچاروں سے لمبے چوڑے سفر کراتے ہیں اور یہ اُن ہی کا دل گردہ ہے کہ مشاعروں میں شریک ہوتے ہیں۔ ہم تو اگر خدانخواستہ اس عمر کو پہونچے تو الگنی پر ڈالنے کے قابل ہو جائیں گے۔ مگر ثاقب صاحب کو میں نے خود دیکھا ہے کہ بلا کی سردی ہے دور دراز کا سفر ہے اور آپ اپنے اخلاق سے مجبور چلے جا رہے ہیں مشاعرے کی شرکت کے لئے۔ پھر مشاعرے میں اس ضعیفی کے باوصف پڑھنے جس شان سے ہیں اگر ہم اس طرح دو غزلیں بھی پڑھ دیں تو خون تھوکنے لگیں ورنہ حلق کا کوا تو ضرور باہر نکل آئے میں نے جب تک

ثاقب صاحب کی غزل سنتا رہتا ہوں۔ گھبرا گھبرا کر دعائیں کرتا ہوں کہ "الٰہی خیر" ایک طوفان ایک پہاڑوں کو ٹکرا دینے والے بھونچال بلکہ ایک محشر کی سی کیفیت ہوتی ہے۔ نہ جانے جوانی میں کس طرح پڑھتے ہونگے۔

کلام استادانہ ہوتا ہے۔ اور استادانہ کیوں نہ ہو۔ ۵۰ سال سے عروسِ سخن کی مشاطگی کر رہے ہیں میر کی زبان اور غالب کی تخئیل پیدا کرنے کی ہمیشہ کوشش کی۔

میں بھی ان گنہگاروں میں سے ہوں جو اس ضعیفی پر ترس نہیں کھاتے۔ مشاعروں میں کسی نہ کسی طرح بلانے کی کوشش کرتے ہیں۔ بھوپال کے مشاعرے کے لئے مرزا صاحب کو میں نے تیار کیا۔ کہنے لگے "شوکت میاں نتیجہ یہ ہوگا کسی دن کہ بس مشاعرے ہی میں یہ چراغ گل ہو جائے گا۔" عرض کیا "خدا نہ کرے۔ زندگی بھر آپ نے جس شاعری کی خدمت کی ہے اس کے دامن پر اتنا بڑا داغ لگانا آپ کیسے گوارا نہ کرینگے"۔ بڑی زور سے ہنسے اور فرمایا "اچھا بھائی چلیں گا حکم حاکم مرگ مفاجات" چنانچہ تشریف لے گئے۔ تکلیف اٹھائی مگر بات نہ ٹلی۔

جالب دہلوی

استاذی میر بشارت علی جالب دہلوی روزنامہ ہمدم لکھنؤ کے ایڈیٹر تھے اور ہمدم کے ڈائرکٹر خان بہادر سید احمد حسین رضوی ایم۔بی۔ای نے مجھے ہمدم کے دفتر بھیجا تھا کہ میں مترجم کی حیثیت سے کام کروں۔

ترکی ٹوپی پہنے جس کا پھندنا آگے پڑا ہوا تھا اور پھندنے کے آگے سفید بالوں کا گچھا ٹوپی سے پناہ مانگ کے نکلا بھاگتا تھا۔ پریشان سی سفید داڑھی ایک ہاتھ میں سگریٹ اور دوسرے میں قلم۔ میز سے کچھ ہی اٹھا ہوا سر۔ اس سج دھج سے ایک بزرگ اس طرح لکھنے میں مصروف تھے گویا اونگھ رہے ہیں۔ میرے آنے کا کوئی نوٹس ہی نہ لیا۔ لکھتے رہے برابر لکھتے رہے۔ کچھ سوچنا نہ غور کرنا بس لکھتے چلے جا رہے ہیں۔ اتفاقاً کاتب کے آجانے سے گردن اوپر اُٹھی۔ موقع دیکھ کر میں نے عرض کیا "السّلام علیکم"

نہایت کرخت آواز میں جواب ملا "وعلیکم السّلام" خان بہادر صاحب کا خط چپکے سے دے دیا۔ پڑھ کر دزدیدہ نگاہوں سے پہلے تو دیکھا۔ اس کے بعد میرا شجرہ شروع کر دیا۔

"آپ کے چچا صاحب قبلہ نے دہلی سے روزانہ اخبار نکالا تھا میں اس میں کام

کر چکا ہوں بلکہ وہ میرے ایک قسم کے استاد ہیں۔ اور آپ کے ایک بڑے چچا لندن تشریف لے گئے تھے وہاں سے پھر واپس تشریف ہی نہ لائے۔ آپ کے والد صاحب بھوپال میں تھے ——— وغیرہ وغیرہ

میں حیرت سے اُن کا منہ دیکھ رہا ہوں کہ آخر یہ سب کچھ اُن کو کیسے معلوم ہے بعد میں معلوم ہوا کہ اُن کو میرے ہی متعلق نہیں ہر ایک کے متعلق عام طور پر معلوم ہوا کرتا تھا کہ وہ کون ہے کیا ہے۔ اس کا خاندان کہاں سے متعلق ہے۔ اس کی دادی کے کتنی مرتبہ آپریشن ہوا تھا، اس کی نانی کی موت کس مرض میں واقع ہوئی اور اُس کے ایک خالو کو کس جرم میں حبس دوام بعبور دریائے شور کی سزا ہوئی۔ یہ مقدمہ کن کن عدالتوں میں رہا کس کس وکیل نے کیا کیا جرح کی وغیرہ وغیرہ۔ اس قسم کی باتیں ہم آپ سب سنا کرتے ہیں مگر یاد نہیں رکھتے۔ میر صاحب کے دماغ میں بلکہ کان میں ایک مرتبہ کوئی بات پڑ جائے پھر کیا مجال کہ وہ اُسے بھول جائیں وہ بات دماغ سے نکلنے کے لئے پھڑ پھڑائے گی۔ گر میر صاحب کا دماغ یادداشت کا ایسا پنجرہ تھا جس میں کوئی صید ایک مرتبہ آکر پھر کبھی رہا نہیں ہوا۔

مختصر یہ کہ ہمدم میں ملازم ہو گئے میر صاحب نے رگیدنا شروع کر دیا ہمارے سیاہ حروف کی عبارت پر اُن کی سُرخ رنگ کی اصلاح ہونے لگی، شروع شروع میں تو سیاہ عبارت تمام کی تمام قلمزد ہو جاتی تھی اور اس کی جگہ میر صاحب کی سُرخ عبارت ہماری نالائقی پر خون کے آنسو بہاتی نظر آتی تھی۔ اس کے بعد سیاہ و سرخ عبارت کا تناسب ایسا

ہوگیا کہ گویا قتلِ عام تو ہوا تھا مگر کچھ ہندوستانی بچ گئے ہیں غالباً سرکاری گواہ بن گئے تھے۔ رفتہ رفتہ خون کی ایک آدھ چھینٹ اور پھر خال خال سرخ رنگ کی چمک مگر یہ کبھی نہ ہوا کہ کوئی چیز بغیر اصلاح کے رہ گئی ہو۔ ترجمہ ہو، نشذرہ ہو، مزاحیہ کالم ہو۔ ہر جگہ اصلاح موجود اکثر تو اصلاح پر غصہ ہی آتا تھا۔ آخر ایک مرتبہ ہمت کر کے لڑ بیٹھے ہم نے لکھا تھا ایک جگہ "نقطۂ نگاہ" آپ نے اس کو کاٹ کر لکھ دیا "زاویۂ نگاہ" جلبلاتے ہوئے وہ اصلاح لیکر مدیر صاحب کے پاس پہنچے۔

"آپ نے نقطۂ نگاہ کاٹ کر زاویۂ نگاہ بنا دیا ہے۔ اس میں کیا فرق پیدا ہوگیا"

سر جھکائے ہوئے بولے "بہت بڑا فرق ہے دونوں میں نقطۂ نگاہ تیقّن کے موقع پر استعمال ہوتا ہے گویا آپ کی نظر پورے وثوق کے ساتھ ایک خاص نقطہ پر ہے اور زاویۂ نگاہ میں شک کا احتمال باقی رہتا ہے گویا نگاہ نے نقطہ تک پہونچنے کا ایک زاویہ تو بنا لیا ہے مگر ابھی وہ نقطہ دریافت نہیں کیا ہے جس موقع پر آپ نے لکھا ہے وہاں زاویۂ نگاہ زیادہ سجتا ہے۔ آپ نے لکھا ہے کہ سائمن کمیشن کے متعلق ہمارا نقطۂ نگاہ یہ ہے کہ حکومت نے اپنے تدبّر کے فقدان کا ایک اور ثبوت دیا ہے۔" اگر یہاں زاویۂ نگاہ لکھ دیجیے تو پھر آپ پر نتیجہ کی ذمہ داری نہیں رہتی اس لئے کہ بہت ممکن ہے کہ سائمن کمیشن کا مقصد اپنے نتیجہ پر پہونچکر عین تدبّر ثابت ہو۔ اس وقت اگر زاویۂ نگاہ غلط بھی ہو جائے تو چنداں مضائقہ نہیں ہے مگر نقطۂ نگاہ کا غلط ہونا ایک صحافی کی موت ہے"——

اپنا سا منہ لیکر چلے آئے مختصر یہ کہ اسی قسم کی اصلاحوں کا سلسلہ آخر وقت تک جاری رہا۔

میر صاحب کو زندہ انسائیکلو پیڈیا کہا جاتا تھا۔ کسی موضوع پر گفتگو کیجیے بات کریں گے بات کی جڑ بتائیں گے یہاں تک کہ پھننگی بھی بتا جائیں گے۔ حلوا سوہن۔ خمیرہ۔ برطان مثنوی مولانا روم۔ خاندان پہلوی، گاماں پہلوان۔ پلاؤ کی یخنت۔ غرض تو کیا کوئی موضوع لے لیجیے گھنٹوں تقریر کریں گے اور اس وثوق سے موضوع کے ہر پہلو کو نمایاں کریں گے گویا یہ آپ کا خاص سبجکٹ رہا ہے۔

میر صاحب کو شوق صرف دو تھے۔ افیون اور کتابیں۔ افیون کھانے کو رندی کہتے تھے۔ اور جہاں تک ہوتا تھا اس کھلی ہوئی حقیقت کو راز رکھنے کی کوشش کرتے تھے۔ کتابیں جمع کرنے کے سلسلے میں ہر تکلیف گوارا تھی۔ اتوار کے دن نخاس میں لب سڑک کسی کباڑیئے کی دوکان پر بیٹھے ہوئے ہیں اور پرانی کتابوں میں دیمک کی طرح لگے ہیں کیا مجال کہ پھر کوئی ہنگامہ ان کو اپنی طرف متوجہ کر لے۔ مقرر بھی بہت اچھے تھے۔ کاش تقریر کرنے میں کبھی کبھی سانس سے لیا کرتے۔

کھانے کے شوقین تھے اور فطرتاً میٹھی چیزوں سے خاص رغبت تھی۔ دعوتوں میں جہاں تک ہوتا تھا خود ہی جاتے تھے اسٹاف کے کسی اور رکن کو تکلیف دینا پسند نہ کرتے تھے مشکل ہی سے کوئی دعوت ایسی ہوتی ہوگی جس میں شیروانی کا کالر اور سب سے پہلا بٹن لگانے کے بعد باقی سب کو کھلا چھوڑ کر۔ جوتے کی ڈوری سڑک پر لوٹتی ہوئی ترکی کا ٹوپی کا پھندنا پیشانی پر جھولتا ہوا ایک ہاتھ میں چھڑی اور رومال اور دوسری مٹھی میں سگرمیٹ لئے۔ آپ تشریف نہ لائے ہوں۔ آتے ہی "السلام علیکم" کی

کی جھنکار دار آواز محفل میں گونج جاتی تھی۔ پھر لوگ گھیر لیتے تھے اور کوئی نہ کوئی موضوع چھڑ ہی جاتا تھا۔ ایک محفل کے لئے صرف ایک موضوع کافی ہوا کرتا تھا۔

ہمدم کے بعد خود ہمت کر کے اپنا روزنامہ نکالا "ہمت" نام رکھا۔ اور اسی ہمت کو زندہ چھوڑ کر خود ختم ہو گئے۔ معلوم نہیں کتب خانے کا کیا حشر ہوا۔ عجیب عجیب نایاب کتابوں کا نہایت قیمتی ذخیرہ تھا جس کا اب کوئی پتہ نہیں۔

جاں نثار اختر

حضرت مضطر خیرآبادی کے سپوت جاں نثار اختر کو میں نے لکھنؤ ریڈیو اسٹیشن پر سب سے پہلے دیکھا ہنس مکھ۔ زندہ دل شگفتہ قسم کے نوجوان ہیں ۱۹۱۴ء نے دو کارنامے پیش کئے ہیں ایک جنگِ عظیم دوسرا یہ احسانِ عظیم کہ جاں نثار اختر کو پیدا کیا خیر وہ جنگِ عظیم تو اس جنگِ عظیم کے سامنے کی بچہ نکلی مگر جاں نثار اختر اپنے آرٹ کے ساتھ جوان ہو گئے۔ یوں تو خیر رومانی نظمیں بھی کہتے ہیں مگر ہیں در اصل ترقی پسند شاعر اور زیادہ تر انقلابی نظمیں فرماتے ہیں وکٹوریہ کالج گوالیار میں اردو کے پروفیسر ہیں۔ مگر طالب علموں کی سی سادگی کے ساتھ رہتے ہیں۔ ہر چند کہ آج کل کے طالب علم سادگی سے نہیں رہتے مگر میری مراد اُس سادگی سے ہے۔ جو طالب علموں میں ہونا چاہئے۔ مگر نہیں ہے۔ اس کا ذمہ دار میں نہیں ہوں طالب علموں کے والدین اور تعلیم گاہوں کا ماحول ذمہ دار ہے۔

جاں نثار اختر بہت اچھا کہتے ہیں اور بہت اچھا کرتے ہیں کہ بہت کم کہتے ہیں۔ سب سے اچھی بات یہ ہے کہ وہ ایک ریاست میں پڑے ہوئے ہیں ورنہ کہیں اور ہوتے تو ترقی پسند زیادہ ہو جاتے ادیب کم رہ جاتے۔

جذبی

(معین احسن)

تقریباً پندرہ برس کا ذکر ہے کہ جھانسی میں ایک مشاعرہ تھا۔ حامد صاحب شاہجہانپوری کے اصرار نے مجھے بھی کھینچ بلایا۔ ان کے گھر پر ایک صاحبزادے سے ملاقات ہوئی جن کا تخلص تھا ملاؔل۔ نہایت شوخ و شنگ بچہ اور تخلص ملاؔل؟ حامد صاحب سے پوچھا۔ یہ کیا لغویت ہے۔ کہنے لگے غسل کر کے سو جاؤ گرمی بہت ہے۔ اور رات کو جاگنا ہے۔ پھر بتائیں گے

جھانسی کے بعد لکھنؤ میں ان ملاؔل صاحب سے اکثر نیاز حاصل ہوتا رہا۔ ایک دن معلوم یہ ہوا کہ علیگڈھ سے ایک نوجوان شاعر آئے ہوتے ہیں جذبیؔ۔ رفیع احمد خاں صاحب نے کہا، میرے یہاں چلو وہ بھی آرہے ہیں۔ وہاں جا کر جو دیکھا تو ملاؔل صاحب خوش خوش بیٹھے ہیں۔ معلوم ہوا کہ آپ ہی جذبیؔ ہیں۔ سمجھ گئے کہ مذاق ہو رہا ہے۔ بیوقوف بنانے کی کوشش کی جا رہی ہے۔ مگر ملاؔل صاحب نے خود ہی بتا دیا کہ ہیں واقعی، ملال نہیں رہا ہوں جذبی ہو گیا ہوں۔ کلام سنا۔ خوب تھا۔ پالنے میں جو پیر جھانسی میں نظر آئے تھے وہ اب کلبلیں بھرتے ہوئے نظر آنے لگے۔ بلا کی ترقی تھی۔

پھر یکایک پتہ چلا کہ جذبی صاحب ترقی پسند ادیب ہو گئے ہیں لکھنؤ ریڈیو اسٹیشن پر ترقی پسند شعراء کے ایک مشاعرے میں آپ بھی تشریف لائے اور معلوم ہوا کہ واقعی ترقی پسند مصنّفوں میں بڑی عزت کی نظر سے دیکھے جاتے ہیں۔ اتنی ترقی تو میں نے بھی محسوس کی کہ پہلے جھانسی میں شوکت صاحب کہہ کہہ کر بچھے جاتے تھے اب "اماں شوکت۔ یار شوکت" کہہ کہہ کر اکڑے جاتے ہیں۔ خدا کرے اِس سے زیادہ ترقی نہ کریں۔

آپ کا آرٹ برابر ترقی کر رہا ہے۔ طالب علمی ختم ہونے کے بعد ایک انقلاب اِس آرٹ پر اور آئے گا۔ دیکھیں کیا ہوتا ہے۔

جگرؔ مراد آبادی

بیگم صاحبہ کے والد محترم حکیم مولوی محمد سجاد حسین صاحب قبلہ مرحوم مین پوری میں مقیم تھے۔ لہٰذا سسرالی مشاعروں میں شرکت سے انکار کرنے کی جرأت مجھ ایسے دامادی میں مبتلا کمزور انسان میں کیونکر ہو سکتی تھی۔ مین پوری جانا پڑتا تھا اور مشاعروں میں شریک ہونا پڑتا تھا۔ اس زمانہ میں حضرت جگر مراد آبادی کا مرکز بھی مین پوری تھا۔ سب سے پہلے وہیں نیاز حاصل ہوا۔ وہیں مراسم بڑھے۔ بے تکلفی کی حد تک پہونچے اور گستاخیوں کے قریب پہونچ پہونچ کر رہ گئے۔

جگر سے تو خیر ہر ایک کو خلوص ہو سکتا ہے لیکن جگر کو مجھ سے کیوں خلوص ہوا۔ اسکی خبر مجھے آج تک نہیں ہے جگر ایک رند مشرب۔ بلا نوش۔ انتہائی غیر ذمہ دار آدمی اور خلوص کی ذمہ داری کو اس طرح محسوس کرتا تھا کہ کبھی سرمستی کے عالم میں بھی مجھ کو اپنے سے خفا نہ ہونے دیا۔ لکھنؤ میں ہیں۔ خوب پیئے ہوئے میرے یہاں آ گئے۔ تقاضہ ہے اور پئیں گے ساتھ میں شراب بھی ہے یہ مطلب نہیں ہے کہ منگا دو۔ صرف اجازت طلب کی جا رہی ہے منع کر دیا ہنس دیئے۔ پھر تقاضہ شروع ہوا۔ ڈانٹ دیا۔ زبردستی کی اور بوتل غائب کر دی۔ اب تلملا رہے ہیں۔ بے چین ہیں۔ مگر ڈر بھی رہے ہیں کہ شوکت خفا ہو جائے گا

یہاں تک کہ بہانے کر کے بھاگنا چاہا۔ ہمیں بھی کامیاب نہ ہوئے تو جھوم جھوم کر غزلیں سنانے لگے۔

جگر کو حسن سے کوئی تعلق نہیں اگر کوئی تعلق ہے بھی تو بد صورتی سے ہے مگر اپنا کلام پڑھتے ہوئے وہ مجھے ہمیشہ حسین نظر آتے ہیں ان پر عاشق ہو ہو گیا ہوں میں نے اسی صورت اجاڑ شرابی کے بوسے لئے ہیں۔

بھوپال کے مشاعرے میں اطلاع ملی کہ جگر آئے تو ہیں مگر محفل میں آنے کے قابل نہیں ہیں۔ برابر پی رہے ہیں ہماری چین صادق اسٹیٹ ایڈوکیٹ اور زبینی سرن شا و سب جج دونوں نے مجھے پکڑا کہ جگر کو سنبھالو۔ میں پہونچا جگر کو سنبھالا۔ رات بھر لئے بیٹھا رہا اور صبح ہونے مشاعرے میں پیش کر دیا جگر نے غزل پڑھی۔ ہوش میں آگئے۔ گلے لگ کر معافی مانگ لی۔ معاف کر دیا۔ اس ظالم کو کیسے نہ معاف کرتا۔

مژدہ سنا کہ جگر تائب ہو گئے۔ پھر خبر سنی کہ جگر نے شادی کر لی۔ پھر اطلاع آئی کہ جگر اپنی توبہ پر قائم ہیں اور اپنی پچھلی زندگی پر شرمسار۔ میں ان خبروں پر اس طرح خوش ہو رہا تھا۔ گویا مدت سے بیمار تھا اب صحت ٹھیک ہو رہی ہے۔ آخر بالکل تندرست ہو گیا۔ گونڈہ پہنچا۔ جہاں جگر گھر گرہستوں کی سی شریفانہ، پاکبازانہ، معقول اور شاندار زندگی بسر کر رہے تھے۔ ایک دوسرے کو دیکھ کر لپٹ گئے۔ بیوی والے تھے۔ گھر کا ایک نظام تھا۔ بالوں میں کنگھی کرنے لگے۔ وضو کر لیتے تھے۔ نماز پڑھتے تھے اور کیا چاہئے۔ اب تک دل کو اس انقلاب کا یقین اسی طرح نہیں آتا جیسے کسی کو ڈربی لاٹری ملجائے اور وہ مدت تک اس حقیقت کو خواب سمجھتا رہے۔

جگر کی شاعری پر تبصرہ کرنا چھوٹا منہ بڑی بات ہے۔ وہ تنہا غزل گو ہے۔ اس کی غزل صرف غزل نہیں ہوتی اور بھی بہت کچھ ہوتی ہے کسی بڑے آرٹسٹ کے آرٹ کو الفاظ میں بیان کرنا اس کے آرٹ کو محدود کر دینا ہے۔

جگر قیامت کے بزلہ سنج بھی ہیں۔ ایک مرتبہ ایک صاحب ان کے کلام کی نہایت بے محل تعریف کر رہے تھے۔ ایسی تعریف کہ خود جگر بھی زندگی سے بیزار بیٹھے تھے۔ ان صاحب نے کہا۔

"جگر صاحب آپ کا فلاں شعر تو ایسا ہے کہ ایک جگہ میں نے اسے پڑھ دیا بس یہ سمجھ لیجئے کہ پٹتے پٹتے بچا۔"

جگر نے نہایت سنجیدگی سے کہا۔ "میرا سب سے ناکام شعر وہی ہے۔"

جگر کے لئے پہلے مارے محبت کے میں مرنے کی دعائیں کیا کرتا تھا۔ اب جی چاہتا ہے کہ وہ زندہ رہیں میں دشمن نہیں ہو گیا ہوں۔ بلکہ جگر زندہ رہنے کے قابل بن گئے ہیں۔

جوشؔ ملیح آبادی

جوشؔ صاحب، رفیع احمد خاں کے ویسے ہی دوست ہیں جیسے رفیع احمد خاں میرے دوست ہیں۔ لہٰذا یہ کیونکر ممکن تھا کہ جوش صاحب سے میرے تعلقات قریب کے نہ ہوتے ہم لوگ ایک دوسرے سے ادبی حیثیت سے کم اور انسانی حیثیت سے زیادہ ملتے ہیں شعر و شاعری کا تذکرہ یوں کبھی ہو جاتا ہے۔ ورنہ عموماً ایسی باتیں ہوتی ہیں جن کو ادب سے نہیں البتہ بے ادبی سے متعلق کہا جا سکتا ہے۔

جوشؔ صاحب کو شاعرِ اعظم، شاعرِ انقلاب۔ اور عہدِ حاضر کے سب سے بڑے نظم گو شاعر کی حیثیت حاصل ہے۔ مگر میں اُن کو اِس حیثیت سے نہیں بلکہ آدمی کی حیثیت سے ـــــ مگر یہ بات تو ابھی میں کہہ چکا ہوں۔ تو خیر۔ جوشؔ صاحب ملیح آبادی شاعر بعد میں ہیں۔ پہلے پٹھان ہیں مسلمان ہونے سے وہ انکار کر سکتے ہیں مگر دو باتوں سے اُن کو انکار نہیں ہو سکتا۔ ایک پٹھان ہونے سے۔ دوسرے سید الشہدا حضرت امام حسینؑ سے۔ وہ خدا اور اس کے رسولؐ سے لوگ کہتے ہیں کہ منحرف ہیں مگر مجھے یہ معلوم ہے کہ خدا کے رسولؐ کے نواسےؓ کی بڑی عظمت ان کے دل میں ہے۔ ع

خدا کی باتیں خدا ہی جانے

لیکن اگر جوش صاحب کا عقیدہ خدا کے متعلق غلط نکلا تو بھی کیا عجب ہے کہ رسول خدا صلعم کے نواسئے سے جو عقیدت ہے وہی اِن حضرت کو جنت میں پہونچا دے۔ حالانکہ یہ عقیدت مذہبی حیثیت سے نہیں سیاسی حیثیت سے ہے۔

تو میں عرض یہ کر رہا تھا کہ جوش صاحب کا پٹھان ہونا شاعر ہونے سے بھی زیادہ یقینی ہے۔ چنانچہ ان کے کلام میں بھی لٹھ بازی۔ مردانگی جنگجوئی۔ خونخواریت اور غیظ و غضب نظر آتا ہے جس کو لوگ انقلاب پسندی کہتے ہیں۔ اور یہی جوش۔ جوش کی شاعری کی روح ہے۔

جوش نہایت دلچسپ مگر نہایت خطرناک دوست ہیں۔ خطرے پیدا کر کے اُن سے کھیلنا اور دوسرے کو خطرے میں مبتلا کر کے اس سے لطف لینا آپ کا خاص مشغلہ ہے یوں تو اِس وقت بہت سے واقعات یاد آ رہے ہیں مگر مشتے نمونہ از خروارے۔ کانپور کا ایک واقعہ پیش کرتا ہوں۔ جوش۔ رفیع احمد خاں۔ سراج لکھنوی۔ قدیر لکھنوی نشتر سندیلوی اور میں۔ یہ چھ آدمی گنگا کے کنارے پہونچے۔ ایک کشتی کرایہ پر لی اور بوٹنگ شروع کر دی۔ یکایک کشتی جیسے ہی دھارے پر پہونچی آپ ایک دم کھڑے ہو گئے کشتی کے ایک کنارے پر ایک پیر اور دوسرے پر دوسرا رکھ لیا اور اب مُصر ہیں کہ "ڈگمگ ڈولے نیا" کی زت دکھا دُنگا سب نے منع کیا۔ خوشامدیں کیں۔ انہوں نے کہا سلام کرو۔ سلام کئے۔ کہنے لگے ہاتھ جوڑو۔ ہاتھ جوڑے۔ ارشاد ہوا کہ اِس وقت تم سب کی زندگی میرے اشاروں پر ہے۔ عرض کیا بجا ارشاد فرماتے ہیں جناب۔ مگر ان تمام باتوں کے باوجود پیروں کو ایسی حرکت دیتے رہے

کہ ناؤ واقعی ہچکولے کھانے لگی۔ یہاں تک کہ خود ملاح نے کہا کہ صاحب ڈوب جائیگی ناؤ۔ کہنے لگے یہی تو میں چاہتا ہوں۔ ہر ایک کے جسم میں خون منجمد اور چہروں پر ہوائیاں اُڑ رہی ہیں۔ آخر نشتر سندیلوی نے نہایت غصہ سے ڈانٹا۔ غصہ پر آپ اور مشتعل ہوئے اور ناؤ کو اس بری طرح زیر و زبر کیا کہ ہم سب نے کلمہ پڑھ کر آنکھیں بند کر لیں اور نشتر سندیلوی جوش کے قدموں پر گر پڑے۔ خدا خدا کر کے یہ طوفان تھما۔ جوش کی تفریح اور ہم سب کا نزع کا عالم ختم ہوا۔ اب یہ واقعہ مذاق معلوم ہوتا ہے لیکن اس مذاق کے حادثہ بن جانے میں دیر ہی کیا تھی۔

اس قسم کے خطروں سے کھیلنا آپ کیلئے کوئی بڑی بات نہیں ہے۔ رفیع احمد خاں کے دفتر پہنچے اُنسے کہا کہ پانی اس شرط پر پیونگا کہ تم خود لا کر پلاؤ۔ وہ غریب پانی لینے چلا گیا اور آپ نے سامنے کھلے ہوئے فائل پر ایک جگہ انگریزی میں ایک موٹی سی گالی اس طرح لکھدی کہ گویا کوئی بات ہی نہیں ہے۔ وہ کاغذ براہِ راست یو۔ پی گورنمنٹ میں جا رہا تھا۔ میں نے چلتے وقت چپکے سے رفیع احمد خاں کو بتایا کہ یہ حرکت فرمائی ہے۔ ورنہ نہ جانے اس شرارت کا کیسا سنجیدہ نتیجہ برآمد ہوتا۔ ریڈیو کے مشاعروں میں میرے لئے تعارف کرانے کی مصیبت مقرر ہو چکی تھی۔ اور آپ مائیکروفون کے قریب بیٹھا کرتے تھے۔ اب وہاں آزادی سے نہ جانے کیا کیا فرما رہے ہیں اور یہاں یہ ڈر کہ یہ گفتگو نشر نہ ہو جائے۔ بس اسی ڈر سے لطف رہے ہیں اور گفتگو میں زیادہ جری ہوتے جاتے ہیں۔ یہاں تک کہ مجھ کو غصہ آجاتا تھا مگر یہی غصہ تو ان کی کامیابی کی سند ہوتا تھا۔

اب وہ بمبئی میں ہیں اور میں لاہور میں۔ دونوں فلم کمپنیوں سے وابستہ ہیں۔ مقدر ایک ہی ہے مگر فاصلہ تو دیکھیئے ❖

حافظ محمدؐ عالم

لاہور کے رسالہ عالمگیر کے ایڈیٹر ہیں۔ میں اس رسالہ میں کبھی کچھ لکھا کرتا تھا۔ اب کچھ نہیں لکھتا اسلئے کہ حافظ صاحب سے ناراض ہوں اس ناراضگی کی وجہ آج تک کسی کو نہیں بتائی ہے۔ اور اگر سچ پوچھئے تو اب خود مجھے بھی یاد نہیں کہ کیوں ناراض ہوا تھا۔ مگر وضع داری کے ماتحت ناراض ہوں۔

حافظ صاحب سے سب سے پہلے لکھنؤ میں نیاز حاصل ہوا تھا۔ سیدھے سادھے مسلمان نظر آتے تھے رسالہ جاری کرنے میں ادبی ذوق سے زیادہ تجارت کو دخل نظر آتا تھا۔ خاص نمبر اور رسالانہ نمبر خوب شائع کرتے تھے۔ خوب سے مراد رنگین تصویریں اور بڑے سائز پر موٹی سی جلد ہے۔

ایک مرتبہ لاہور میں بھی ملاقات ہوئی۔ ادبی گفتگو بہت کم کرتے ہیں مفصل خط والی زبان میں گفتگو کیجئے تو تار والی زبان میں جواب دیتے ہیں۔ اور چہرہ پر ایسی گھبراہٹ ہوتی ہے کہ گویا گفتگو کرنے والے کیلئے دل سے دعائیں کر رہے ہیں کہ یا تو یہ مرجائے اسی وقت یا اس کی زبان پر فالج گرے تاکہ کسی طرح گفتگو تو ختم ہو۔

اپنے خاص نمبر ہی کی سائز کے بھاری بھرکم آدمی ہیں صورت سے بھولا پن برستا ہے معلوم ہوتا ہے کہ چھپ چھپکر ورزش ضرور کرتے ہیں۔ ایک ادبی رسالہ کے ایڈیٹر کے چہرہ پر جو ادبیت برسنا چاہئے اسکا کہیں پتہ نہیں ہے۔ ان کو سب انسپکٹر پولیس بھی سمجھا جا سکتا ہے میونسپل کمشنر بھی اور جنرل مرچنٹ بھی +

حُب

مہاراجکمار محمد امیر حیدر خاں آف محمود آباد۔ بڑے آدمی کی بڑی بات۔ دو دو تخلص ہی رکھ لیے حُب اور مسحور۔

الہ آباد میں رائٹ آنریبل سر تیج بہادر سپرو کی صدارت اور خان بہادر سید ابو محمد صاحب ممبر پبلک سروس کمیشن کے اہتمام میں ایک نہایت عظیم الشان مشاعرہ ہوا تھا جس میں مشاعرہ کی شرکت کے علاوہ لکھنؤ ریڈیو کی طرف سے بھی گیا تھا تاکہ مشاعرہ وہاں سے ریلیے کیا جائے۔ اس مشاعرے کی جو مخصوص نشست براڈ کاسٹنگ کے لئے ترتیب دی گئی تھی۔ اس میں ریاست محمود آباد کے راجکمار محمد امیر حیدر خاں صاحب سحر بھی شریک تھے۔ نوجوان۔ متانت اور تہذیب کا مجسمہ۔ اداب مجلس کے گویا ماہر ہی نہیں بلکہ موجد بھی میں مشاعرہ براڈ کاسٹ کرتا رہا اور چپکے چپکے مہاراج کمار کو دیکھتا رہا۔ حالانکہ دیکھنے کے لئے سر سپرو اور خواجہ حسن نظامی ایسے لوگ بھی موجود تھے۔

مہاراجکمار سے متاثر ہو کر الہ آباد سے واپس آیا۔ کچھ دنوں کے بعد لکھنؤ ریڈیو اسٹیشن پر ایک مشاعرہ منعقد ہوا میں نے صدارت کے لئے مہاراجکمار صاحب کا نام پیش کیا۔ مجھ کو اس بات کا ذمہ دار بنا کر کہ میں مہاراجکمار کو راضی کر لوں گا۔ تجویز منظور کر لی گئی۔

مہاراجکمار کے قصر فلک بوس بٹلر پیلس پہونچا۔ اطلاع کرائی۔ فوراً طلب کر لیا۔ مجسم اخلاق بنکر ملے۔ رمضان شریف کا زمانہ تھا۔ لہٰذا ذرا ہچکچا کر سگریٹ کے لئے پوچھا۔ عرض کیا کہ جی ہاں کیا مضائقہ ہے سگریٹ کیس لیکر مہاراجکمار کی طرف جو بڑھا تو تبسّم کے ساتھ ارشاد فرمایا" جی۔ روزہ" اب بتایئے میں کیا کروں روزہ تھا تو آپ نے ایک روزہ خور سے سگریٹ کے لئے پوچھ کر اس کو کیوں بے موت مارا۔ بیحیائی کے ساتھ سگریٹ پی پی کر مہاراجکمار صاحب کو صدارت کیلئے ہموار کر لیا۔ کہنے لگے جناب آپ سے میں انکار ہی کیسے کر سکتا ہوں آپ کے والد صاحب اور میرے والد محترم میں جو تعلقات تھے۔ ان کا شاید آپ کو علم نہیں ہے۔ عرض کیا" علم تو ہے مگر میں یہ دباؤ ڈالنا چاہتا تھا" مسکرا کر فرمایا" بہرحال مجھ پر اسی کا اثر ہے۔" خیال یہ تھا کہ رئیس ابن رئیس ابن رئیس ہیں۔ بٹلر پیلس میں رہتے ہیں شطرنج یا گنجفے یا کم سے کم برج سے شغل ہو رہا ہوگا۔ ممکن ہے گانا ہو رہا ہو۔ مگر وہاں ہو رہا تھا روزہ ــــ بٹلر پیلس میں رمضان شریف نظر آئے حیرت ہی تو ہو گئی۔

اب بتایئے کہ جب یہ بلند مرتبہ لوگ بھی اس طرح صوم وصلوٰۃ شروع کر دیں گے تو ہم غریب غرباء آخر کیا کریں گے۔ ہائے ہماری عبادتیں بھی چھینی جا رہی ہیں یعنی ہم سگریٹ پیتے ہیں اور مہاراجکمار صاحب روزہ رکھتے ہیں ۔

حسرت موہانی

رئیس الاحرار مولانا سید فضل الحسن حسرت موہانی

شعر کا شعور پیدا ہونے کے بعد سے حسرت کا کلام پڑھنا شروع کیا تھا۔ اور سوچا کرتے تھے کہ حسرت کیسے ہونگے۔ ان کی سیاسی سرگرمیوں کو اخباروں میں دیکھا کرتے تھے زیادہ تر یہی خبریں پڑھنے کو ملتی تھیں کہ حسرت کو اتنے دن کی سزا ہو گئی۔ حسرت آج اس جیل میں ہیں کل اُس جیل میں ہیں۔ گویا آپ کا صدر مقام جیل خانہ ہی تھا۔

ایک مرتبہ ہمیرپور میں ایک مشاعرہ تھا۔ میں لکھنؤ سے چلا اور کانپور سے ایک صاحب ساتھ ہو لیے۔

اُجاڑ سی صورت۔ عینک میں ایک طرف ایک دھجی بندھی ہوئی میلی سی ترکی ٹوپی۔ اُٹنگا سا چار خانے کا پاجامہ۔ ڈھیلی ڈھالی اچکن۔ پیروں میں میلا سا کرمچ کا جوتا چیں چیں کرتی ہوئی آواز اور عجیب بھدا سا نقشہ۔ ثاقب کانپوری نے تعارف کرایا کہ آپ مولانا حسرت موہانی ہیں۔ میں تو سکتے کے عالم میں رہ گیا۔ یا اللہ ایسے ہوتے ہیں حسرت موہانی۔

راستے میں دوستی ہو گئی۔ اس لیے کہ دشمنی کرنے کی اہلیت ان میں نہ تھی وہ اپنی اسی سج دھج میں وقیع نظر آنے لگے۔ حالانکہ باتیں بھی یوں ہی سی کرتے تھے کچھ عجیب

کھوئی کھوئی سی اور بھی وقعت کی کوئی وجہ نظر نہ آتی تھی۔ مگر اس سے بھی انکار نہیں کہ وہ قطعی نظر آرہے تھے۔

ایک مرتبہ ریڈیو اسٹیشن کی طرف سے حسرت صاحب کی خدمت میں کانپور حاضر ہوا۔ دیکھا کہ اپنے مکان کی ڈیوڑھی میں ایک پانی سے بھرا ہوا گھڑا اٹھائے گھر میں جارہے ہیں۔ مجھ کو دیکھ کر بھی اپنے اس کام میں مشغول رہے جب فارغ ہوئے تو ایک کھری چارپائی پر بیٹھ کر چند باتیں کیں اور جب میں رخصت ہونے لگا تو فرمایا "اچھا" گویا نہ میرے آنے کی خوشی تھی نہ جانے کا غم۔ مدت تک کوشش کرتے رہے کہ مولانا حسرت اپنا کلام براڈکاسٹ کرنے پر تیار ہو جائیں۔ مگر کسی طرح قابو ہی میں نہ آتے تھے۔ مسٹر سومناتھ چب اسٹیشن ڈائرکٹر لکھنؤ کی بڑی خواہش تھی کہ حسرت صاحب سے ان کا کلام براڈکاسٹ کرائیں۔ آخر ایک مرتبہ لکھنؤ میں مل گئے۔ میں نے ان کو تو ایک ریستوراں میں بٹھا کر چا ء میں مصروف کر دیا اور چپکے سے مسٹر چب کو فون کیا کہ مولانا حسرت کو پکڑ لیا ہے فوراً موٹر بھیجیے۔ تھوڑی دیر میں مولانا حسرت چب صاحب کے بنگلہ پر تھے اور ان سے پاکستان کے متعلق اپنے نئے فارمولا پر بحث کر رہے تھے۔ اصرار یہ تھا کہ یہ فارمولا براڈکاسٹ کر دیا جائے بمشکل تمام مولانا کو اس بات پر راضی کیا کہ آپ ریڈیو اسٹیشن چلیں ہم آپ سے دو ایک غزلیں پڑھوا کر ریکارڈ کر لیں گے۔ معلوم نہیں کیوں مولانا نے کہا: "اچھا۔ خیر" ترنم کے ساتھ غزلیں پڑھیں اور پھر جب وہ ریکارڈ سنا تو بہت خوش ہوئے۔ فرمایا: "ایں! یہ تو بالکل میری ہی آواز ہے۔ تو خیر ــــــ اب میں اسٹیشن جاتا ہوں"

میں اسٹیشن تک ساتھ گیا میاں لطیف الرحمن بھی ساتھ تھے حسرت صاحب نے کچھ رنگین اور رومانی افسانے بھی سنائے یعنی اپنے ذاتی رومانی افسانے اور پھر کچھ اپنا کلام بھی سنایا۔

مولانا کا سیاسی مشرب خواہ کچھ بھی ہو مگر ان کے شدید سے شدید مخالف کو بھی اس بات کا پورا یقین ہے کہ ان کی رائے ایماندارانہ اور آزادہوا کرتی ہے ساری خدائی ایک طرف ہوجاتے اور مولانا اپنی تنہا آواز بلند کئے بغیر نہیں مان سکتے۔ نہ اُن کو ہوٹنگ کی پروا۔ نہ مخالفت کے طوفان سے کبھی مرعوب ہوئے جو اپنا عقیدہ ہے وہ ظاہر کرینگے اور برملا ظاہر کریں گے خواہ کچھ ہوجائے۔ وہ شاعر کی حیثیت سے بلند ہیں یا لیڈر کی حیثیت سے۔ اس سلسلہ میں میری ذاتی رائے یہ ہے کہ وہ شاعر پہلے ہیں اور لیڈری ان کی ثانوی حیثیت ہوسکتی ہے۔

حسن نظامی (خواجہ)

خواجہ صاحب کا نام معلوم نہیں کب سے کانوں میں گونجا ہوا تھا۔ مگر دیکھا سب سے پہلے گوالیار کی بزمِ اردو کے اجتماع میں۔ جب آپ نے خضر خان، اور دیول دیوی کے متعلق اپنا وہ مقالہ پڑھا جس کا تعلق گوالیار ہی کے قلعے سے تھا اور جس میں ہندو مسلم اتحاد کا افسون پھونکا گیا تھا۔

کھانے کی میز پر باقاعدہ تعارف کی رسم مشیر احمد علوی نے ادا کی۔ خواجہ صاحب بہت محبت سے ملے۔ اپنی ریلوے ٹرین نما پانوں کی ڈبیا سے پان نکال کر دیا۔ دیر تک دلچسپ گفتگو فرماتے رہے اور پھر دہلی جاکر روزنامچے میں وہ تمام گفتگو درج کر دی۔

دوسری مرتبہ دہلی ریڈیو اسٹیشن پر ملا۔ پھر اُسی قابلِ دست اندازیٔ پولیس ڈبیا سے پان کھلایا۔ یہ گفتگو مختصر تھی اور قہقہے زیادہ تھے۔

تیسری مرتبہ آپ سے اس طرح ملاقات ہوئی کہ آپ لکھنؤ ریڈیو اسٹیشن سے ایک تقریر براڈکاسٹ کرنے لکھنؤ تشریف لا رہے تھے۔ ہم لوگ آپ کے خیر مقدم کے لئے رات ہی سے یکجا ہو گئے۔ اس لئے کہ صبح پانچ بجے ٹرین آتی تھی۔ مسٹر جگل کشور مہرا۔ اسٹیشن ڈائرکٹر۔ ملک حسیب احمد پروگرام ڈائرکٹر۔ مسٹر غلام قادر فرید مسٹر سراج لو کھنؤ

اور میں یہ سب کے سب ایک ہی کمرے میں فرشی بستر بچھا کر رات بھر سونے کیلئے جاگتے رہے صبح آپ کا خیر مقدم کیا گیا۔ اور آپ کو اسی گھر میں مہمان بنایا گیا۔

تیسری ملاقات کے بعد ہی آپ نے دہلی جا کر اپنے اخبار منادی میں مجھکو نفریح الملک کے خطاب سے سرفراز کر دیا اور پھر برابر شوکت تھانوی کے بجائے "مولانا تفریح الملک" لکھتے رہے

چوتھی مرتبہ مجھے اطلاع ہوئی کہ آپ بصیغہ راز لکھنؤ تشریف لائے ہوئے ہیں۔ ڈھونڈھتا ہوا پہونچا۔ بیٹے کی سسرال میں یہ خواجہ سمدھی صاحب نظامی پلاؤ زردہ بالائی کھا رہے تھے میں بھی ہاتھ دھو کر بیٹھ گیا اور پھر خواجہ صاحب کو ریڈیو اسٹیشن سے ایک تقریر کے لئے آمادہ کر لیا۔ اس مرتبہ خواجہ صاحب نے کچھ تجارتی معاملات بھی مجھ سے طے کئے یعنی مجھ کو حکم دیا کہ میں منادی کے لئے "مرزا پھویا" کا فرضی روزنامچہ لکھوں اور اس کے معاوضہ میں جو کچھ مجھے دیا جائے اس سے انکار نہ کر دوں میں کچھ دن تک یہ خدمت انجام دیتا رہا۔ آخر فرار کی ٹھانی اور چپ ہو کر بیٹھ رہا۔ اگر کچھ دن آدمی روپوش رہے تو پھر شرمندگی سنگین سے سنگین تر ہوتی جاتی ہے اور عذر گناہ کے امکانات دور ہٹتے جاتے ہیں چنانچہ یہی ہوا کہ اپنی کاہلی کے بدولت ایسے مشفق بزرگ، ایسے چہیتے دوست اور ایسے بے غرض مہربان کو ہاتھ سے کھو بیٹھا۔ وہ بیمار رہے ہیں۔ بیقرار رہا۔ انہوں نے آنکھوں کا آپریشن کرایا اور میں نے گھنٹوں بیٹھ کر اس بات کی کوشش کی کہ "چشم تو روشن دل ما شاد" میں تاریخ نکل آئے تو گمنام بھیجدوں۔ ان کے یہاں حادثات ہوئے مگر ہمت نہ ہوئی کہ تعزیت کروں۔ اور اب

چوروں کی طرح مفرور ہوں۔ جرم صرف اتنا ہے کہ مرزا پھویا لکھنا بند کیا۔ پھر اس کے بعد خط لکھنے کی ہمت نہ ہوئی اور اب خط لکھوں اور مراسم کی تجدید کروں تو کس منہ سے

خواجہ صاحب کا میں مرید نہیں ہوں مگر اُن سے محبت ضرور کرتا ہوں۔ وہ مجھے اپنی کاکلوں اور داڑھی کے ساتھ حسین نظر آتے ہیں۔ ان میں بلا کی دلکشی ہے۔ لوگ کہتے ہیں کہ حسن نظامی چلتے پھرتے پوسٹر ہیں اور میں کہتا ہوں کہ حسن نظامی نہ پوسٹر ہیں نہ پیر۔ نہ ادیب ہیں نہ مقرر۔ بلکہ وہ جادوگر ہیں۔ یقین نہ آتا ہو تو اُن کے پاس جا کر دیکھیے ؎

کیا لطف جو غیر پردہ کھولے
جادو وہ جو سر پہ چڑھ کر بولے

حفیظ جالندھری

حفیظ جالندھری سے مشاعروں کی ملاقات تھی جو رفتہ رفتہ ذاتی اور نجی ملاقات بن گئی۔

وہ خانصاحب ہیں۔ ابوالاثر ہیں۔ انگلینڈ رٹرنڈ ہیں۔ حاجی ہیں۔ ——— ہندوستانی اور انگریزی دونوں قسم کی بیویوں کے شوہر ہیں۔ حالانکہ صحت اور صورت دیکھ کر حیرت ہوتی ہے کہ یہ جانِ ناتواں ایک چھوڑ دو بیویوں کا شوہر ہو کر کیونکر زندہ ہے اور پھر دماغی توازن اس حد تک کیونکر برقرار ہے کہ شعر بھی کہتا ہے۔ ترنم سے پڑھتا بھی ہے۔ اور پڑھتے میں منہ چڑھا کر ایک ڈھانچے کی طرح اس طرح اکڑ بھی جاتا ہے۔ گویا بس یونہی رہ گئے ہیں۔

جس زمانہ میں آپ لاہور سے مخزن نکالتے تھے اُس وقت کچھ خط و کتابت ہوئی تھی اس کے بعد جب زیارت ہوئی تو یقین نہ آیا کہ یہی حفیظ جالندھری ہو سکتے ہیں جسکے نام کے ساتھ جالندھری لگا ہو اس کا تو ندتصور میں کس قدر بھیانک نظر آسکتا ہے۔ اِسکا اندازہ اہلِ تصور ہی کر سکتے ہیں۔

خوب کہتے ہیں اور خوب پڑھتے ہیں۔ کاش پڑھنے میں زرت اور اداکاری سے

مضحک کیفیات پیدا نہ کیا کریں۔ اور اب تو آپ نے نظم خوانی میں لکچر بازی بھی شروع کر دی ہے نظم سنانے بیٹھیں گے اور لطیفے سنانا شروع کر دینگے بعض اوقات یہ لطائف نہایت پرلطف اور اُریجنل ہوتے ہیں مثلاً حیدر آباد کے ایک اجتماع میں دیر سے شاہنامۂ اسلام سنا رہے تھے یکایک آپ نے کہا۔

"حضرات آپ درود پڑھتے جبتک میں ایک سگریٹ پی لوں۔"

حفیظ صاحب جب لندن تشریف لے گئے تھے تو انگریزوں کے ایک اجتماع میں اپنا کلام بھی سنایا تھا۔ میں نے اُن سے پوچھا کہ بھلا یہ تو بتاؤ کہ وہ انگریز آخر سمجھے کیا ہونگے کہنے لگے کہ مترجم سمجھاتا جاتا تھا۔ میں نے پوچھا کہ پسند بھی کیا لیڈیز نے تمہارا کلام کہنے لگے کہ دیکھتے نہیں ہو ولایت سے بیوی لایا ہوں میں نے کہا انگلستان بھر کی ایک غریب عورت اگر تمہارے نکاح میں آکر چلی آئی ہے تو اس کو سند سمجھتے ہو۔ حالانکہ معلوم نہیں اُس اجتماع کی کتنی خواتین یہ سوچ رہی ہوں گی کہ اِس مرد سے شادی پہلے کی جائے یا طلاق پہلے حاصل کیا جائے۔ چلتے چلتے کھڑے ہو کر اکڑ گئے معلوم ہوا کہ ہنس رہے ہیں۔

آج کل گورنمنٹ آف انڈیا میں سانگ پبلسٹی ڈائرکٹر ہیں۔ گالیاں دینے کا شوق جو خلوتوں کے لئے مخصوص تھا اب جلوتوں میں بھی آگیا ہے۔ ہٹلر، مسولینی اور میکاڈو کے متعلق خوب خوب گل افشانیاں کرتے رہتے ہیں۔

حفیظ سیّد

ڈاکٹر محمد حفیظ سید الہ آباد یونیورسٹی

سر پر انگریزی شاعروں اور مصنفوں کی طرح کے بال یعنی چندیا صاف باقی چاروں طرف گھونگر والے سفید بال۔ داڑھی مونچھ صاف۔ ہر اعتبار سے فارغ البال یعنی نہ بیوی نہ بچے۔ قطعاً "واحد حاضر" ہیں اور "جمع غائب"

فلاسفروں کی سی گمشدگی۔ بات بات پر چونک پڑنے کی عادت محض ترکاریاں کھانے سے یہ حال ہے اگر گوشت بھی کھاتے ہوتے تو اب تک کئی خون کر چکے ہوتے مگر پھانسی سے ہر مرتبہ بچ جاتے۔

گوشت سے پرہیز کے معاملہ میں بڑے سے بڑا برہمن بھی آپ سے مقابلہ نہیں کر سکتا مگر ترکاریاں جس اہتمام سے کھاتے ہیں اِس کے بعد گوشت کی طلب کفرانِ نعمت کے سوا کچھ نہیں ہے۔ ترکاریوں کے کباب، ترکاریوں کے چاپ اور ترکاریوں ہی کی بنی ہوئی ہر چیز۔ کسی مہمان کی بڑی خاطر کی تو انڈا کھلا دیا۔ آپ نے ترکاری پلاؤ ممکن ہے کہ کھایا ہو مگر حفیظ سیّد صاحب کے یہاں وہ کچھ اور ہی ہوتا ہے۔

لکھنؤ ریڈیو اسٹیشن پر ملاقات ہوئی۔ مہربان ہو گئے۔ چہرہ دیکھ کر عاقبت تک کا

حال بتادیا اور رہنمائی اپنے ذمہ لے لی۔ گھر جاکر بیوی سے ملے۔ بچوں سے ملے سب کے ساتھ شفقت گویا حال ہی میں نہیں ملے ہیں نسلوں سے کرم فرما چلے آرہے ہیں۔ بچوں کی تعلیم کے متعلق ضروری ہدایات دیکر بیوی کو سمجھا کر۔ مجھے ڈانٹ کر چلے گئے۔ عید کے دن ایک پارسل چلا آرہا ہے۔ بیوی کے لیئے ساری اور بچوں کے لئے عیدی کے روپے اور میرے لیئے کچھ بھی نہیں۔ ع

باغ کے مزدور ہی اچھے رہے شداد سے

الہ آباد جاکر کسی اور کے یہاں ٹھہر جاؤ۔ آپ ناراض۔ بیوی کو شکایت لکھی جارہی ہے کہ تمہارا شوہر آوارہ ہورہا ہے۔ آپ کے یہاں ٹھہرو تو دن رات نصیحتیں سنو۔ یا زیادہ سے زیادہ ریڈیو سن لو۔ آپ خود ہوگا۔ ورزش کرینگے۔ ترکاریاں کھائیں گے۔ امتحان کی کاپیاں دیکھیں گے۔

حفیظ سیّد صاحب سے ملکر یہ اندازہ تو ضرور ہوا ہے کہ اُن میں سب کے لئے نہیں مگر جس کے لئے خلوص پیدا ہوجاتا ہے بس اُس کی جان کو آجاتے ہیں۔ کھلاتے سونے کا نوالہ اور دیکھتے شیر کی نگاہ ہیں۔ ہائے یہ محبت اِس نسل کے بعد کہاں ملے گی۔

خلیل احمد

سید خلیل احمد صاحب سکرٹری ایک آنہ فنڈ لکھنؤ

لکھنؤ میں ایک انجمن ہے جس کا نام "انجمن عالیہ ایک آنہ فنڈ" ہے۔ اس انجمن کا کام ہے مسجدوں کی تعمیر و مرمت۔ بچوں کی تعلیم یتیموں اور بیواؤں کی امداد وغیرہ۔ اس انجمن کے بانی اور منتظم اعلیٰ سید خلیل احمد صاحب ہیں جن کا تخلص ہے "غمزدہ" تخلص ذرا بڑا ضرور ہے مگر اتنا بڑا آدمی اس سے بھی چھوٹا تخلص کیا رکھتا۔

موٹے تازے لمبے تڑنگے آدمی ہیں۔ داڑھی قد سے کچھ ہی چھوٹی ہوگی۔ سرسید کی داڑھی یاد آجاتی ہے مگر اب تو اُسے بھی لوگ بھولنے لگے ہیں۔

آپ کے زیرِ اہتمام اور نسیم انہونوی کی ادارت میں رسالہ انکشاف نکلتا تھا میں اُس زمانہ میں روزنامہ ہمدم کے عملہ ادارت میں تھا نسیم صاحب نے وہیں سے مجھے گرفتار کیا تھا۔ دفتر رسالہ انکشاف ایک آنہ فنڈ کے دفتر میں تھا۔ لہٰذا سید خلیل احمد صاحب سے بھی ملاقات ہوئی۔ ان کی عجیب و غریب شخصیت کا اندازہ چھوٹی چھوٹی باتوں سے ہوا مثلاً ان کا کوئی خط آیا۔ لفافہ پر "بر کار سرکار" کی طرح لکھا ہوتا تھا "بکار حکم الحاکمین خداوند تعالےٰ" سمجھے کہ موت کا پروانہ آگیا ہے مگر ہوتا تھا وہ دعوت کا رقعہ یا چندے

کابل۔ آپکے دفتر میں جہاں چھوٹے بڑے بہت سے سائن بورڈ ہیں وہاں پاخانہ پر بھی ایک سائن بورڈ لگا ہے "صحت خانہ" لوگ اسپتال سمجھ کر جاتے ہیں مگر حاجت پوری ہو جاتی ہے۔

مشاعروں میں اپنا کلام اس طرح سناتے ہیں گویا کوئی نئی نویلی دلہن بہت اصرار پر سسرال کے واقعات سنا رہی ہے مگر یہی شرم تو مومن کی خاص پہچان ہے اور خلیل احمد صاحب کچھ ہوں یا نہوں مگر مومن تو ضرور ہیں۔

خمارؔ بارہ بنکوی

رفیع احمد خانصاحب کے یہاں ایک بالکل نوخیز صاحبزادے کو دیکھا جو اپنا کلام سنا رہے تھے۔ آواز بڑی سُریلی تھی لہٰذا دلچسپی سے سننے بیٹھ گئے۔ غور کیا تو کلام بھی خوب تھا۔ ہر چند کہ جگرؔ سے اِس قدر متاثر نظر آتے تھے کہ وہی ترکیبیں، وہی جوڑ توڑ اور وہی تمام بندشیں۔ مگر پھر بھی تقلید حسین ضرور تھی ــــ معلوم ہُوا کہ آپ خمارؔ بارہ بنکوی ہیں۔ پھر اس کے بعد مشاعروں میں ملنے لگے۔ دیکھتے ہی دیکھتے آپ نے کافی شہرت اور مقبولیت حاصل کر لی اور مجھ پر خاص کرم فرمانے لگے۔ خاص سے مراد یہ ہے کہ میرے لئے بارہ بنکی سے رسادل کی ہانڈیاں لانے لگے۔

خمارؔ ابھی بچّہ ہیں۔ ان کا مستقبل مجھے تو بہت شاندار نظر آ رہا ہے۔ بشرطیکہ وہ اپنے لئے خود کوئی راستہ نکالیں۔ جگرؔ کی تقلید ایک ماہر فن کی تقلید ضرور ہے۔ مگر خمار اپنی انفرادیت کے لئے اگر ابھی سے جستجو شروع کر دیں تو زیادہ اچھا ہے۔

دیا نرائن نگم

رائے صاحب منشی دیا نرائن مشہور ادبی رسالہ زمانہ کے ایڈیٹر رسالہ زمانہ ادبی حلقوں میں نہایت وقعت کی نظروں سے دیکھا جاتا تھا اور منشی دیا نرائن نگم اس رسالہ کو اپنے دم کے ساتھ چلاتے رہے۔ وہاں پان بیبنک سلائی قسم کے باوضع آدمی تھے۔ چوڑی دار پاجامے اور شیروانی میں بھی اتنے دبلے نظر آتے تھے کہ لباس کے اوپر سے ایک ایک پسلی گنی جا سکتی تھی۔

میں متعدد بار نگم صاحب سے ملا۔ کانپور میں اُن کے یہاں دعوتیں کھائیں لکھنؤ میں اُن کو اپنے یہاں چائے پلائی مگر رسمی تعلقات کبھی رسمی ہی رہے۔ نگم صاحب بہت خوش اخلاق۔ بذلہ سنج اور ہنس مکھ ہونے کے ساتھ ہی ساتھ لئے دئے رہتے تھے۔ اور میں بھی اتنا لئے دئے رہا کہ وہ بیچارے ہمیشہ شاکی رہے۔ مگر مجھ پر نہ جانے کیا مار تھی کہ زمانے کے لئے کبھی کچھ نہ لکھا۔ ہر مرتبہ وعدہ کیا اور ہر مرتبہ وعدہ خلافی۔ یہاں تک کہ نگم صاحب اس دنیا سے چل بسے اور یہ وعدہ فراموش اب تک زندہ ہے اور زمانے والے سے شرمسار۔

دیوآنہ بریلوی

بریلی کی رعایت سے دیوانہ اور دیوانہ کی رعایت سے بریلی بہت خوب ہے مگر یہ بکارِ خویش ہشیار دیوانہ کانپور کے ویرانے میں نہیں بلکہ آبادی میں آباد ہے۔ اسم گرامی ہے خان قدرت اللہ خاں۔ اور اللہ کی قدرت یہ ہے کہ واقعی چہرہ سے دیوانگی نہیں ہوش ہی ہوش۔ فراست ہی فراست برستی ہے۔ تخلص کی ضرورت اب تک سمجھ میں نہ آتی اس لئے کہ دیوآنہ صاحب شاعر کی حیثیت سے نہیں افسانہ نگار کی حیثیت سے دنیائے ادب میں تشریف لائے تھے اور اب تک تشریف فرما ہیں۔ افسانوں میں مقطع تو ہوا نہیں کرتا پھر معلوم نہیں کیوں آپ بیٹھے بٹھائے دیوانہ بن گئے۔

نسیم صاحب انہونوی کے رسالہ انکشاف نے لکھنے والوں کا جو طبقہ پیدا کیا تھا اسی میں کانپور کے چار بزرگ تھے۔ خان قدرت اللہ خاں دیوانہ بریلوی لیاقت اللہ خاں نظر بریلوی شمیم بلہوری سلیم ندوروی نسیم صاحب ہی کے ساتھ کانپور میں ان حضرات سے نیاز حاصل ہوا تھا۔ اور ان سب میں میری نظرِ انتخاب کا قرعہ فال اسی دیوآنہ کے نام نکلا تھا۔ یہ شخص مجھے افسانہ نگار نہیں خود افسانہ نظر آیا۔ نفاست اور جامہ زیبی کی مکمل

تصویر۔ بات بات میں سلیقہ اور تمیز داری۔ گھر کا ایک ایک گوشہ آرٹ کا ایک مکمل نمونہ۔ حد یہ ہے کہ دیوانہ صاحب روزانہ شیو کرتے ہوئے اپنی مونچھوں پر جو آرٹ ختم کرتے ہیں اسی کو بس دیکھا کیجئے۔ سمجھ میں نہیں آتا کہ آپ لکھتے کس وقت ہیں۔ گھر کی صفائی کس وقت کرتے ہیں۔ میونسپلٹی کی نوکری کس وقت فرماتے ہیں اور پھر اپنا ذاتی مکان کس وقت بنواتے ہیں۔ مگر اب عرصہ سے لکھنا بند کر دیا ہے۔ غالباً مکان بنوانے کا مشغلہ زیادہ پسند آیا۔

خاموش لطیفہ گو۔ سنجیدہ مضحک۔ سرمایہ دار غریب۔ نازک اندام پٹھان۔ مختصر یہ کہ آپ اسی قسم کی بہت سی متضاد کیفیات کا مجموعہ واقع ہوئے ہیں اور یہی تضاد آپ کی کامیاب ناکامیوں کا راز ہے۔

دیوانہ گورکھپوری

مولوی محمد فاروق صاحب دیوانہ ایم۔ایل۔اے

اگر آپ بھی دیوانہ ہیں تو خدا کی قسم دنیا میں کوئی ہوشیار نہیں ہے۔

گورکھپور کے ایک مشاعرے میں مجنوں صاحب گورکھپوری نے اپنے ہی قد و قامت کے ایک بزرگ سے تعارف کرایا کہ "والد صاحب سے ملئے" معلوم ہوا کہ مجنوں صاحب کے والدِ محترم کا تخلص ہے دیوانہ۔ ہم نے ریلوے کو گالیاں دینا شروع کر دیں کہ گورکھپور کی جگہ نجد پہونچا دیا۔ مگر مجنوں اور دیوانہ صاحب کو دیکھ دیکھ کر یہ اندازہ ضرور ہو رہا تھا کہ کسی چھوٹی بحر کے دو مصرعے ہیں اور کس قدر برابر کے۔

اب دیوانہ صاحب سے گفتگو شروع ہوئی۔ بے پروائی حیرت میں۔ حیرت۔ مسرت میں مسرت محبت میں۔ اور محبت عظمت میں گم ہو کر رہ گئی۔ اللہ اکبر۔ اس قدر مختصر سے جسم میں اِس بلا کی ہمہ گیر ذہانت۔ صرف ذہانت ہی نہیں ٹھوس معلومات تھوڑی دیر تک تو معلوم ہوا کہ آدمی سے باتیں کر رہے ہیں۔ پھر محویت اتنی بڑھی کہ سمجھ بیٹھے کہ انسائیکلوپیڈیا کے کسی پاکٹ ایڈیشن کا مطالعہ کر رہے ہیں۔ جس موضوع پر گفتگو کیجئے دیوانہ صاحب کوئی دور کی کوڑی ضرور لائیں گے۔ ہاتھ میں ایک چھوٹا

سا اپنی لمبا ئی کے مطابق ڈنڈا۔ کندھے پر پڑا ہوا کمبل۔ اور دماغ میں علوم وفنون کے خزانے جن کو زبان لٹاتی چلی جاتی ہے۔

آپ گورکھپور کے مشہور رئیس میاں جواد علی شاہ صاحب والئ امباڑہ اسٹیٹ کے مینجر تھے، جب اس خاکسار سے پہلی مرتبہ ملے اسی وقت سے شفقت کا یہ عالم تھا کہ گویا آپ رسماً نہیں اخلاقاً نہیں بلکہ واقعی ہمارے بزرگ ہیں یعنی ہم نے سنجیدگی کے ساتھ دیوآنہ صاحب سے مرعوب ہونا شروع کر دیا تھا۔ ان کی دیوانگی سے نہیں اُن کے ہوش سے۔ ان کے تبحر سے اور اُن کی صاف گوئی سے۔

دیوانہ صاحب ہمدرو کے مشہور "حاجی لغلول" رہ چکے ہیں اور اب وہ یو۔پی اسمبلی کے نہایت بیباک ممبر ہیں۔ ہم اب تک جھک کر سلام کرتے ہیں اور وہ اب تک بغل میں ڈنڈا دبا کر گلے سے لگا لیتے ہیں ✦

ذوقی

خواجہ مسعود علی ذوقی علیگ۔

سب سے پہلے گورکھپور میں مولانا سیماب اور حضرت ساغر کے ہمراہ وصل صاحب بلگرامی کے یہاں ملے تھے سگار پی پی کر دھواں اس طرح اڑا رہے تھے گویا۔ ع

عالم تمام حلقۂ دودِ سگار ہے

میں نے ڈرڈر کر تعارف حاصل کیا کہ کہیں اس گستاخی پر بھی سگار نہ پینے لگیں۔ واجبی سی بات چیت ہوئی۔ پھر رسالہ پیمانہ میں ایک عورت کے متعلق آپکی ایک نظم پڑھی ۔

بہت دلچسپ ہے تیرے سکوتِ ناز کا منظر
نگاہیں گفتگو کرتی ہیں، تو خاموش رہتی ہے

نظم پڑھکر معلوم ہوا کہ لفظ "ذوق" کو شیخ محمد ابراہیم نے جس قدر بے کیف بنایا تھا۔ آپ اس کی تلافی کر رہے ہیں۔ پھر جب علی گڈھ کی جوبلی میں ملاقات ہوئی وہ ذرا تفصیلی تھی، مگر آپ مشاعرے کی سکریٹری شپ میں مبتلا تھے اور ہم سب آپ کے تیماردار، آخر لکھنؤ میں۔ گونڈہ میں اور نہ معلوم کہاں کہاں آپ ملتے رہے اور یہ دائ

کھلتا رہا کہ یہ تو اپنے ہی ڈھب کے آدمی ہیں۔ اعلےٰ درجہ کے صاحبِ ذوق ہونے کے علاوہ اعلیٰ درجہ کے اداکار بھی ہیں۔ حال ہی میں فضلی برادرز نے مشاعرہ کی ایک تمثیل فلمبند کی ہے، اس میں اس ذوقی نے ذوق کا کردار پیش کیا ہے۔ مگر یہ تو صرف ایک کردار تھا جو آپ پردۂ سیمیں پر پیش کر سکے۔ ورنہ واقعہ تو یہ ہے کہ خواجہ مسعود علی ذوقی کو گونڈہ کے ایک ہائی اسکول میں اسسٹنٹ ماسٹر ہونے کی بجائے ہالی وڈ میں ہونا چاہئے تھا۔

نہایت شستہ ظرافت۔ نہایت شگفتہ بات چیت۔ بڑے آدمیوں کی سی باتیں مغربی طرز کی ہندوستانی زندگی۔ حد یہ ہے کہ اگر گھر پر ڈریس گون نہ پہنیں تو اپنے کو برہنہ سمجھتے ہیں۔ پہلے تو پان بھی نہیں کھاتے تھے مگر اب اتنے ہندوستانی ہو گئے ہیں۔

شعر اس طرح پڑھتے ہیں گویا عدالت میں جرح کر رہے ہیں۔ چہرہ پر تبسم برستا ہے۔ مگر مُنہ سے نہیں پھوٹتا۔ دوہرا جسم ہے جو فی الحال تو بُرا نہیں معلوم ہوتا۔ لیکن اگر ورزش چھوڑ دی تو مولانا سیماب بن جائیں گے۔

راز چاندپوری

ادبی رسائل میں آپ کا کلام کثرت سے پڑھا تھا۔ خصوصاً پیمانہ میں آپ پابندی سے لکھتے رہتے تھے۔ ساغر صاحب سے آپ کے تذکرے سُنے تھے۔ آخر کانپور کے ایک مشاعرہ میں آپ معہ اپنی چھوٹی سی داڑھی اور روپہلی عینک کے نظر آگئے۔ جوانی میں وہ بلا کی سنجیدگی تھی کہ خدا شباب کو اس قسم کی سنجیدگی سے محفوظ رکھے۔ اس قسم کی سنجیدگی بڑھاپے تک پہنچکر پتھر بن جایا کرتی ہے۔ لطیفہ کہیں گے تو وہ بھی بغیر ہنسے ہوئے، لطیفہ سنیں گے تو وہ بھی اس طرح کہ سنانے والے کا خودکشی کو دل چاہنے لگے مگر اس خاموشی میں بھی خلوص اور صداقت خاموشی کے ساتھ کارفرما نظر آئی۔ چھوٹی سی حیثیت اور بہت بڑے دل کے آدمی ثابت ہوئے۔ زندگی ایک مقررہ اصول پر بسر کرتے ہوئے پائے گئے۔ کانپور میں جب تک رہے کبھی کبھی ملاقات ہوتی رہی۔ جب سے جبلپور گئے ہیں نہ اُن کو ہماری خبر ہے نہ ہم کو اُن کی۔ وُہ اپنے گھر خوش ہم اپنے گھر اُن کی اس فراموش کاری سے ناخوش۔

راشد

ن۔م۔ راشد۔ جدید شاعری کے مشہور شاعر۔ ماورا کے قابلِ ذکر مصنف

آپ کی آزاد شاعری کو عرصہ تک حیرت سے پڑھتے رہے۔ اعتراض اور اعتراف کی کشمکش ہیں مبتلا ہی تھے کہ بھوپال میں ملاقات ہوگئی۔ ہز ہائی نس نواب صاحب بھوپال کی سالگرہ کے موقع پر جو مشاعرہ ہوتا تھا۔ اس کو آل انڈیا ریڈیو ریلے کرتا تھا۔ چنانچہ ایک مرتبہ راشد صاحب اسی سلسلہ میں دہلی سے آئے ہوئے تھے۔ مشاعرے کی شرکت ان کا مقصد نہ تھا اور سچ پوچھئے تو اس مشاعرے سے اُن کو سروکار ہی کیا ہو سکتا تھا۔ یہاں ردیف تھی، قافیہ تھا، بحر تھی اور ان کی شاعری ردیف اور قافئے کے علاوہ کسی مقررہ بحر کی بھی مشکل ہی سے تاب لاتی ہے البتہ تخیل اور فکر کی پوری گہرائیاں موجود ہوتی ہیں۔

راشد صاحب صورتاً قطعاً شاعر نہیں ہیں۔ ایک اجنبی ان کو دیکھکر یہی کہہ سکتا ہے کہ ان کے پاس لوقا کی انجیل اور متی کی انجیل کے نسخے فروخت کے لئے موجود ہوں گے یا شاید یہ طاعون کا ٹیکہ لگانے والے ڈاکٹر ہیں۔ مگر

جب راشد صاحب گفتگو کرتے ہیں تو شاعر نظر آنے لگتے ہیں۔ بے تکلفی کا موقع نہیں ملا۔ خدا جانے اپنے خاص حلقہ کے لوگوں میں کس نظر سے دیکھے جاتے ہونگے مگر ہم کو تو سرسری طور پر کچھ لیتے دیئے سے کچھ ضدی سے، کچھ سرکش سے اور کچھ ترقی پسند مصنف سے نظر آتے ہیں اگر گورنمنٹ سرونٹ نہ ہوتے تو باغی ہوتے یعنی ریڈیو مین نہ ہوتے تو جیل میں ہونے کے امکانات تھے *

رام بابو سکسینہ

رائے بہادر رام بابو سکسینہ مؤلف ہسٹری آف اُردو لٹریچر۔

آپ نے اُردو کی ایک مبسوط تاریخ لکھی ہے مگر انگریزی ہیں گویا کھچڑی تو تناول فرماتی ہے مگر چھُری کانٹے سے۔ بہرحال اس میں شک نہیں کہ آپ نے یہ بہت بڑی خدمت انجام دی ہے۔ راستہ غلط سہی مگر منزل ضرور سر کی ہے۔ ہیں رام بابو صاحب سے اُس وقت ملا تھا جب آپ یو۔ پی۔ انفارمیشن کے افسرِ اعلیٰ کی حیثیت سے لکھنو میں تعینات تھے۔ صورت شکل۔ طرزِ گفتگو اور رہرادا سے ادبی آدمی تو نہیں۔ البتہ ڈپٹی کلکٹر ضرور معلوم ہوتے تھے۔ ڈپٹی کلکٹری آپ کی ادبیت پر غالب تھی۔ لہٰذا آپ اپنے ڈپٹی کلکٹرانہ انداز کے ساتھ اپنی ادبی خدمات کے تذکرے خوب کرتے تھے۔ آپ نے ایک تصویر دکھائی جو گول میز کانفرنس کی تھی۔ ایک کونہ میں ایک دھندلا سا عکس تھا۔ صورت صاف نظر نہ آتی تھی۔ فرمایا کہ یہ میں ہوں۔ ہم نے مسرت کا اظہار کر دیا اور ان کے حسب منشاء مرعوب بھی ہو گئے۔ حال ہی میں سر تیج بہادر سپرو کے یہاں ملاقات ہوئی۔ فرمایا کہ میں ہسٹری آف اُردو لٹریچر کا دوسرا حصہ لکھ رہا ہوں جس میں اس وقت تک کے تمام ادیبوں اور شاعروں کا ذکر ہوگا۔

معلوم نہیں وہ لکھ چکے یا نہیں۔ بہر حال یہاں اُن کا یہ تذکرہ تنیا رہے۔ جس کو پڑھکر سگریٹ مُنہ میں دبائے دبائے فرمائیں گے "یہ مزاحیہ رنگ میں ہے۔ لہٰذا دلچسپی پیدا کرنے کے لئے میرا خاکہ دانستہ طور پر غلط کھینچا گیا ہے۔" حالانکہ اوّل تو خاکہ غلط نہیں ہے۔ اور اگر کوئی غلطی ہوئی بھی ہے تو وہ دانستہ نہیں ہے نادانستہ ہے۔

رام لال ورما

روزنامہ تیج دہلی کے لاغر اندام مدیر اعلیٰ۔ آپ سے لکھنؤ میں اس وقت نیاز حاصل ہوا تھا۔ جب آپ اپنا ذاتی اخبار روزنامہ ہند نکالنے لکھنؤ تشریف لائے تھے اور اسکے عملۂ ادارت میں مجھے شامل کرنے کیلئے روزنامہ اودھ اخبار کی ادارت سے مستعفی کرانا چاہتے تھے چنانچہ وہ کامیاب ہوئے اور میں ناکام۔ اودھ اخبار چھوڑ کر ہند میں آیا۔ ہند اپنے ساتھ مجھے بھی لے ڈوبا۔ ورما صاحب ایک سبکسار کی حیثیت سے اس غرقابی کا تماشہ دیکھتے رہے۔ کچھ دنوں کے بعد معلوم ہوا کہ آپ پھر روزنامہ تیج دہلی کی ادارت فرما رہے ہیں۔ گویا ہند تو محض اس لئے نکالا گیا تھا کہ ہم کو اودھ اخبار سے نکال کر خانماں برباد کر دیا جائے۔

ورما صاحب نہایت سلجھی ہوئی طبیعت کے بظاہر خود اپنے معاملات میں الجھے ہوئے آدمی معلوم ہوتے ہیں۔ بات اس طرح کرتے ہیں گویا ٹائیفائڈ سے ابھی اٹھے ہیں اور پرہیز کرتے کرتے زندگی سے عاجز آچکے ہیں۔ اپنے زرد رنگ کے پارکر قلم سے قوم پرورانہ لیڈنگ آرٹکل خوب لکھتے ہیں۔ لیکن اگر قلم میں روشنائی ولایتی نہ ہو تو سودیشی کے ترویج کے مضامین مشکل ہی سے لکھ سکتے ہیں۔ عمر گو کافی ہے مگر صورت سے لڑکپن برستا ہے۔ حالانکہ سنجیدگی اس صورت پر زیب نہیں دیتی مگر رہتے عام طور پر سنجیدہ ہی ہیں اور ہنستے محض بقدر ضرورت ہیں۔

رحم علی الہاشمی

چوہدری رحم علی الہاشمی۔ آپ بے شمار اُردو اور انگریزی روزناموں کے ایڈیٹر رہ چکے ہیں۔ بلکہ آپ کو صحافت میں ملک الموت کی حیثیت بھی حاصل رہی ہے۔ خدا جانے کتنے اخباروں کی رُوح قبض کی ہے۔ صرف اخباروں کو مارا ہی نہیں جلایا بھی ہے۔ مگر دُنیا کو جلانا تو یاد نہیں رہا۔ مارنا یاد رہ گیا۔

سید جالب دہلوی مرحوم کے بعد ہمدم کی ادارت آپ نے فرمائی تھی۔ اور اسی سلسلہ سے مجھکو آپ سے قرب حاصل ہوا تھا جو رفتہ رفتہ عزیز دارانہ مراسم کی حد تک بڑھ گیا۔ ہاشمی صاحب صحافی ہونے کے علاوہ شاعر بھی ہیں۔ عزیز لکھنوی کے خاص شاگرد رہ چکے ہیں۔ اتنے خاص کہ عزیز مرحوم کے مجموعہ کلام گلکدہ پر آپ ہی نے مقدمہ لکھا ہے

چھوٹی چھوٹی مونچھیں ہیں جو لبوں پر چھپر کی طرح چھائی رہتی ہیں اور آپ کا ایک ہاتھ ان کو سنوارنے اور بگاڑنے میں مصروف رہتا ہے۔ ترکی ٹوپی۔ شیروانی چوڑیدار پاجامہ اور ڈوری دار جوتا پہن کر آپ ہر وقت ہنستے رہتے ہیں۔ البتہ بیگم صاحبہ کے قریب پہنچکر یہ قہقہے کچھ ٹھٹرائے ہوئے سے، سہمے ہوتے سے اور آپ خود کچھ سکڑے

ہوئے سے نظر آنے لگتے ہیں۔ قابلیت ذہانت کے حضور پہنچکر سٹپٹا جاتی ہے۔ بیگم رحم علی ہاشمی نے بلا کا ذہن پایا ہے اور قیامت کی حاضر جواب ہیں۔ ہاشمی صاحب ہر چند کہ اقرار نہیں کرتے مگر ڈرتے ضرور ہیں۔ میں بیگم صاحبہ کو آپا کہتا ہوں اور وہ مجھے شوکت اس شفقت سے کہتی ہیں کہ واقعی آپا معلوم ہونے لگتی ہیں۔ ہاشمی صاحب کے خلاف ہم دونوں بہن بھائی مل کر عجیب عجیب سازشیں کیا کرتے ہیں۔ گھاس بھرے ہوتے سنبوسے کھلا دیئے۔ ان کے اشعار پر تنقید شروع کر دی۔ مختصر یہ کہ ان کو جب چاہا، رُلا رُلا دیا۔ وہ رونی ہنسی ہنستے ہیں اور ہم دونوں ان کی اس ہنسی سے قلبی مسرّت حاصل کرتے ہیں۔ بیگم رحم علی ہاشمی میرے لئے مسندیلے کے خاص بٹوے بناتی ہیں جن پر ہاشمی صاحب اس طرح فخر کرتے ہیں گویا یہ آپ ہی کی صنعت ہے، صناع بیوی کے شوہر کو خوش ضرور ہے مگر اتنا نہیں جتنا ہاشمی صاحب فخر کرتے ہیں۔

رشید احمد صدّیقی

پروفیسر رشید احمد صدیقی مسلم یونیورسٹی علیگڈھ

سب سے پہلے حضرت اصغر گونڈوی کے ساتھ آپ سے لکھنؤ میڈیکل کالج میں نیاز حاصل ہوا تھا۔ جہاں یورپین وارڈ میں ایک گردہ نکلوانے کے بعد اس طرح اطمینان سے بستر علالت پر دراز تھے گویا گُردہ کھو کر زندگی پا لینے سے اپنے کو گھاٹے میں نہیں سمجھتے۔ صورت دیکھکر یقین نہ آیا۔ کہ یہی وہ رشید صدیقی ہو سکتے ہیں۔ مگر اس کے بعد جب دُنیائے تبسّم پر مقدمہ لکھوانے علیگڈھ گیا۔ اُس وقت بھی چہرہ سے یہی معلوم ہوتا تھا کہ مرثیہ ممکن ہے اچھا کہتے ہوں مگر مزاح نگار آخر یہ کیونکر ہو سکتے ہیں۔ لیکن چہرہ کی اس غیر شگفتگی کے باوجود قلم میں زندگی اور شگفتگی بلا کی ہے۔ میں نے ہمیشہ بحیثیت ایک مزاح نگار کے ان کی عظمت کا اعتراف کیا ہے البتہ میں ان کی بعض تنقیدوں اور تنقیدی فیصلوں سے اختلاف ضرور رکھتا ہوں۔ مثلاً خود میرے متعلق ان کا یہ فیصلہ کہ مجھ میں اور ملا رموزی میں بہت کم فرق ہے۔ کسی طرح خود رشید صاحب کے ایسے بلند پایہ مزاح نگار اور ناقد کے شایانِ شان نہیں سمجھتا یا تو انہوں نے مجھ کو سمجھنے میں غلطی کی ہے یا ملّا رموزی کو

غلط پڑھا ہے۔

رشید صاحب کے مزاج میں فلسفہ زیادہ ہوتا ہے یا علیگڈھ زیادہ۔ عام باتیں زیادہ ہوتی ہیں یا اُن کے خاص احباب زیادہ۔ اس کے متعلق غالباً خود اُن کی رائے یہ ہوگی کہ علیگڈھ اور احباب کو اُن کے مزاج میں زیادہ دخل ہے۔ مگر اس کے باوجود لطف سب ہی کو حاصل ہوتا ہے اور ان سب میں خود میں بھی شامل ہوں۔

رشید جہاں

ڈاکٹر رشید جہاں مصنفہ انگارہ و عورت وغیرہ

ڈاکٹر رشید جہاں ترقی پسند مصنفین کی صف اول میں نظر آتی ہیں۔ ان کے مضامین تو بہت پہلے میری نظر سے گذر چکے تھے مگر وہ خود لکھنؤ ریڈیو اسٹیشن پر مجھے نظر آئیں۔

سادہ اور بے تکلف، منہ پھٹ اور لڑاکا، خود اعتمادی میں سب سے آگے اور قایل ہو جانے پر اپنی غلطی تسلیم کر لینے میں بھی کسی سے پیچھے نہیں۔ چہرہ پر ایک رعب۔ دوسرے کو مرعوب کر دینے والی دبنگ بات چیت۔ بڑے بڑے مسائل پر اپنی ایک مضبوط رائے رکھنے والی خاتون۔

ساری دنیا کی آپ آپا ہیں، سوائے اُن چند لوگوں کے جو کسی نہ کسی مجبوری کی وجہ سے آپا نہ کہہ سکتے ہوں۔ بہر حال میں خود رشیدہ آپا کہتا ہوں اور اُن سے تو آج تک نہیں کہا مگر واقعہ یہ ہے کہ ڈرتا ہوں۔ اُن کی عزت اور اُن کے آرٹ کی عظمت میرے دل میں اس ڈر کے باوجود موجود ہے۔

لکھنؤ ریڈیو اسٹیشن سے آپ کا ایک ڈرامہ نشر ہو رہا تھا "گوشۂ عافیت"

اس ڈرامہ میں ایک بہری خالہ کا بھی کردار تھا۔ رشیدہ آپا نے بہت سی خواتین کو اس پارٹ کے لئے آزمایا۔ آخر اس خاکسار کو حکم ملا کہ تم یہ پارٹ کرو۔ مرد ہو کر عورت کا پارٹ، مگر رشیدہ آپا کا حکم تھا۔ نادری حکم۔ لہٰذا خالہ بننا پڑا۔ بوڑھی اور بہری خالہ۔ کاش میں رشیدہ آپا سے نہ ڈرتا ہوتا۔

ڈاکٹر رشید جہاں سوشلسٹ اعتقادات پر ایمانداری سے قائم ہیں۔ اس اعتقاد نے ان کو ایثار، نفس کشی اور بہادری کے کچھ راز ایسے سمجھا دیے ہیں کہ ہندوستان کی یہ خاتون روس کی سُرخ فوج میں مردوں کے دوش بدوش اکڑ کر کھڑی ہو سکتی ہے اور کیا مجال کہ کوئی دیکھ کر یہ پہچان بھی لے کہ اس صف میں بہادر سپاہیوں کے علاوہ کوئی اور بھی ہے۔

رضا لکھنوی

سید آل رضا ایڈوکیٹ سیکرٹری انجمن بہار ادب لکھنو

مشاعرے میں ایک دولھا میاں نظر آئے۔ مخمل کی پھولدار شیروانی۔ اُسی کپڑے کی کشتی نما ٹوپی۔ اُسی کپڑے کی دُلائی۔ ریشمی موزے۔ چوڑی دار پاجامہ۔ ہاتھ میں ریشمی رومال۔ گورا چٹا رنگ۔ چال میں ایک خاص پامالی۔ اداؤں میں بلا کی عروسیت گفتگو کرنے میں "الف دوزبر آن دوزیر اِن دوپیش اُن" کی سی کیفیت۔ کلام پڑھنے میں ریشمی رومال اور ہاتھ کے انگوٹھے میں "اخنو سختو" والا ربط اور شعر کے آخر تک پہنچتے پہنچتے چہرہ پر انتہائی کرب کے پورے آثار۔ معلوم ہوتا تھا کہ شاعر نے شعر نہیں پڑھا ہے۔ اپنے کلیجہ میں چُبھا ہوا ایک تیر بمشکل تمام نکالا ہے اور سامعین کے سامنے پیش کرکے خود بیہوش ہو گیا ہے۔ جی چاہا کہ ترس کھا کر شعر پڑھنے سے منع کر دیں۔ معلوم ہوا کہ آپ سید آل رضا ہیں۔ آخر کار شاعر کے علاوہ انسان کی حیثیت سے بھی آپ سے ملے۔ قریب سے آپ کو دیکھا۔ محبت کرنے والا دل۔ گھُل مل جانے والا اخلاق۔ اور دل لبھا لینے والی ادائیں رکھتے ہیں۔ خیریت یہ ہوئی کہ رضا صاحب مرد ہیں ورنہ خود رضا صاحب کو نہیں معلوم کہ ع

خدا جانے یہ دُنیا پھر بھی ہوتی یا نہیں ہوتی۔

خوب کہتے ہیں اور خوب پڑھتے ہیں۔ کلام میں درد ہی درد ہے۔ کبھی کبھی چپکے سے شوخی بھی کر جاتے ہیں اگر وکالت نہ کرتے ہوتے تو مولانا صفی کے حریف ہوتے یا شاعری نہ کرتے ہوتے تو وکالت میں ڈاکٹر کاٹجو اور سر سپرو سے اُلجھے رہتے۔

رفیع احمد خاں

نقش کو اس کے مصور پر بھی کیا کیا ناز ہیں
کھینچتا ہے جس قدر اتنا ہی کھچتا جائے ہے

رفیع احمد خاں ایم۔ اے مجھ سے اس قدر قریب ہیں کہ میں ان کو دیکھنے سے قاصر ہوں۔ ان کے معائب محاسن اور محاسن معائب نظر آتے ہیں۔ مثلاً ان کی ذہانت، اُن کے تبحر اور اُن کی بلا کی حاضر جوابی پر غصہ آتا ہے کہ یہ شخص اتنا بلند ہو کر اس پستی میں زندہ رہنا کیوں گوارا کیے ہوئے ہے۔ خود کشی کیوں نہیں کر لیتا۔ کسی کو قتل کر کے پھانسی پر کیوں نہیں چڑھ جاتا۔ لڑائی میں جا کر رنگروٹ کیوں نہیں بنجاتا کو اپریٹو سوسائٹیز میں ہیڈ اسسٹنٹ کیوں بنا ہوا ہے۔ ان کے چاندنی اور اندھیری راتوں کے مشاغل پر دل خوش ہوتا ہے کہ ضرور اس مظلوم کو فطرت سے اسی طرح انتقام لینا چاہیے۔ فطرت اس کو پیس ڈالنا چاہتی ہے۔ مگر وہ ٹھٹھے لگاتا ہے۔ قہقہے بلند کرتا ہے۔ تقدیر کو منہ چڑھاتا ہے اور منہ چڑھا چڑھا کر ایک شریر لڑکے کی طرح دور جا کر ہنستا ہے۔ پھر منہ چڑھاتا ہے۔ اور پھر دُور بھاگ کر ہنستا ہے۔

میں نے بہت سے ذہین آدمی دیکھے ہیں۔ بہت سے پڑھے لکھے جاہلوں اور عالموں سے سابقہ رہا ہے۔ بڑے بڑے حاضر جوابوں کے کمالات دیکھ چکا ہوں۔ مگر رفیع احمد خاں اپنا جواب خود ہیں۔ انگریزی میں ایک متبحر صاحبِ قلم۔ اُردو میں ایک جادو بیان شاعر۔ جادو یہ ہے کہ کلام نظر نہیں آتا۔ مگر خدا کی قسم بے پناہ کہتے ہیں۔ ایسا کہتے ہیں کہ خود ان کا ایک شعر سنکر علامہ اقبال رحؔ نے مجھ سے کہا تھا کہ خیریت یہ ہوئی کہ یہ شخص اپنے مخصوص رنگ میں اپنی ذہانت صرف کر رہا ہے۔ اگر سنجیدگی کی طرف مائل ہو جاتا تو بہت سے شاعروں کا پتہ نہ چلتا کہ کیا ہوئے۔ نقاد اس قیامت کا کہ بڑے بڑے لوہا مانتے ہیں حضرت جوش ملیح آبادی کے پہلے دیوان کے منقد نگار رفیع احمد خاں ہی ہیں۔

زندگی کا صرف ایک اصول ہے یعنی بے اصولی۔ نہ کوئی سونے کا وقت، نہ بیداری کا کوئی پروگرام تاش کھیلنے بیٹھے تو دو دو دن شب و روز جمے ہوتے ہیں پیر میں گاؤٹ کا درد ہے، کباب کھا رہے ہیں اور تاش بانٹ رہے ہیں۔ بخار میں ہانپ رہے ہیں مگر مصرع طرح دیدیجئے۔ ع

پھر دیکھئے اندازِ گل افشانیٔ گفتار

ایک ایک قہقہہ بر دوش۔ توبہ کرا دینے والا شعر استادی کے سانچے میں ڈھلا ہوا سننے کو مل جائے گا۔ یہ اشعار کہیں لکھے نہیں جاتے۔ نہ چھپ سکتے ہیں۔ نہ با تکلف لوگوں کو سنائے جا سکتے ہیں مگر علم سینہ بنکر حافظوں میں محفوظ رہ جاتے

ہیں اور بڑے بڑے شاعران ہی شرمناک اشعار کو اپنے نام سے منسوب کر کے لوگوں کو سناتے ہوتے ذرا بھی شرم محسوس نہیں کرتے۔

میں ان کا عزیز ترین دوست ہوں بیحد گستاخ اور بیحد بے تکلف، لوگ کہتے ہیں کہ رفیع احمد خاں کی تکمیل شوکت کے ہاتھ میں ہے اور رفیع احمد خاں خود فرماتے ہیں کہ میرے کلام کی سب سے زیادہ تشہیر شوکت نے کی ہے، میں نے اُن سے بار ہا کہا ہے کہ تم آخر سنجیدگی کے ساتھ شاعری کی طرف توجہ کیوں نہیں کرتے۔ جواب ہمیشہ یہی ملتا ہے کہ جس کو تم سب غیر سنجیدگی کہہ رہے ہو میرے نزدیک وہی سنجیدگی ہے۔ میں شعر میں دل اور جگر کہہ کر جھوٹ بولنا نہیں چاہتا۔ ان پردوں کی میری رائے میں کوئی ضرورت نہیں ہے۔ بات کھری کھری کیوں نہ کہی جائے۔ ان کو امید ہے کہ وہ دن قریب ہے۔ جب ان کا کلام کورس کی کتابوں میں شامل ہو کر داخل نصاب ہو جائیگا۔

بذلہ سنجی اور حاضر جوابی میں ان کو مات کھاتے ہوئے میں نے کبھی نہیں دیکھا نہایت متین چہرہ بنا کر ایسی بات کہہ دیتے ہیں کہ دھوئے دھوئے نہ چھوٹے کیسی ہی تکلیف ہو، دل پر جو عالم بھی گذر رہا ہو مگر رفیع احمد خاں کی زندگی پر مردنی کبھی نہیں چھا سکتی۔ حال ہی میں آپ کی اُن خالہ صاحبہ محترمہ کا انتقال ہوا جنہوں نے اولاد کی طرح آپ کو پالا تھا مجھے اطلاع ہوئی، میں جنازہ میں شرکت کے لئے فوراً پہنچا۔ رفیع احمد خاں خلافِ معمول چہرہ لٹکائے نظر آئے مگر مجھے دیکھتے ہی علیحدہ لیگئے اور ہاتھ جوڑ کر کہا "بھائی اس مصیبت کے وقت ایک احسان مجھ پر یہ کرو کہ تم فوراً

یہاں سے چلے جاؤ۔" میں حیران تھا کہ کیا ماجرا ہے۔ کہنے لگے بخدا کی قسم ہنسی آجائیگی اور لوگ کہیں گے کہ دیکھو اس درندے کو کہ موت پر ہنس رہا ہے۔" پھر میں نے لاکھ لاکھ نہ ہنسنے کا وعدہ کیا۔ مگر توبہ کیجئے جب تک مجھکو وہاں سے واپس نہیں کیا برابر میرے سر رہے کہ خدا کیلئے چلے جاؤ یا میں خود کہیں چلا جاتا ہوں۔

کافی عمر آچکی ہے۔ بظاہر صاحب اولاد نہیں ہیں۔ لیکن اس کا بھی غم نہیں کہتے ہیں کہ خدا ایک در بند کرتا ہے تو ہزار در کھول دیتا ہے۔ بیماریوں نے قبل از وقت بوڑھا ضرور کر دیا ہے مگر پوپلے منہ میں قہقہوں اور تبسموں کی آج بھی کوئی کمی نہیں۔ کیا کوئی نوجوان اس قدر زندہ ہوگا جس قدر یہ جوانی کی حدود سے گذرا ہوا انسان زندہ اور شگفتہ ہے۔

واقع ہوئے ہیں آپ پٹھان مگر طبیعت پائی ہے لطافت پسند پھٹوری کا یہ عالم ہے کہ چاقو سے لیکر بندوق تک سب ہی کچھ رکھتے ہیں اور لطافت پسندی کی انتہا یہ کہ پٹھان ہوتے ہوئے بھی بغیر خلال کئے گوشت نہیں کھا سکتے۔ دستر خوان پر خلالوں کا ڈبہ ہونا ضروری ہے۔ شکار سے بھی شوق ہے اور شاعری سے بھی، پھر بھی بیکار آدمیوں میں نہیں ہیں۔ بلکہ ذمہ داریاں تو اتنی اوڑھ رکھی ہیں کہ ایمانداری کے ساتھ کوئی وعدہ کرنے کے باوجود اپنے فرائض کی کثرت میں گم ہو کر ایفا کو بھول جانے پر مجبور ہو جاتے ہیں۔ مثلاً وعدہ ہے کہ شام کو پانچ بجے کسی پارٹی میں ساتھ ہی چلیں گے۔ تیسرے دن پتہ یہ چلے گا کہ خلق اللہ کو فائدہ پہنچانے کیلئے آپ شکار پر چلے گئے تھے۔

اور وہاں چونکہ شکار نہیں ملا۔ لہٰذا تاش کا کوئی ایسا کھیل شروع ہو گیا جو آج تیسرے دن ختم ہوا ہے۔ اب بتائیے کہ ان کے فرائض کا کیا علاج ہے اور وعدہ خلافی میں خان صاحب کا کیا قصور ہو سکتا ہے۔

جو دوست ہیں وہ اس جادوگر سے لڑ نہیں سکتے۔ روٹھ نہیں سکتے۔ بائیکاٹ نہیں کر سکتے۔ پکا ارادہ کر لیا ہے کہ اب خاں صاحب کی ناز برداری ختم۔ وہ ہماری پروا نہیں کرتے تو ہم ان کی کیوں پروا کریں۔ اُن کی طرف جائیں گے تو بھی ان کے گھر کا رُخ نہیں کریں گے۔ ان کے سلام کا جواب تک نہ دیں گے۔ ارادہ کر ہی رہے تھے کہ دیکھتے کیا ہیں کہ سامنے سے خانصاحب چلے آ رہے ہیں۔ اٹا۔ ٹا۔ ٹا دھم۔ سارا قلعہ مسمار ہو گیا۔ دوڑ کر لپٹ گئے۔ پھر وہی ہا ہا ہو ہو۔ قہقہے لگ رہے ہیں قوالیاں ہو رہی ہیں۔ بچّے گانے گائے جا رہے ہیں کچّے شعر پڑھے جا رہے ہیں نقلیں ہو رہی ہیں کہ یکایک کوئی صاحب تشریف لائے۔ خاں صاحب سے کسی علمی مسئلہ پر تبادلۂ خیال کرنے۔ خاں صاحب ایک دم ٹھوس علمی آدمی بن گئے ان کے جاتے ہی پھر مُنہ سے پھول اور چہرہ سے ٹھیکرے برسنے لگے۔ ایک مستقل انجمن۔ ایک سراپا مسرت۔ ایک مجسم زندگی، ایک مسلسل ہنگامہ۔ کاش ایسے لوگ دنیا میں چند اور بھی ہوتے۔

روشؔ صدیقی

کلام منکر عظمت کو اور صورت دیکھ کر شفقت کو دل چاہتا ہے۔ کلام نہایت وزنی اور خود نہایت ہلکے پھلکے۔ سناتے اس طرح ہیں گویا پھُدک رہے ہیں۔ کلام کے زور میں اکثر خود اُڑتے ہوتے محسوس ہوتے ہیں۔ آواز اچھی ہے اور گلے میں سُر بھی ہے مگر جوش میں آکر جب بے سُرے ہوتے ہیں۔ اُس وقت معلوم ہوتا ہے کہ خلافت فنڈ کیلئے اپیل کرتے کرتے بالشتیوں کے مولانا شوکت علی کو غصہ آگیا ہے۔ نتھنے پھول جاتے ہیں۔ گھونسہ تان لیتے ہیں اور پھر اسی گھونسے سے تعریف کرنے والوں کو سلام بھی کر لیتے ہیں مشاعروں کی شرکت عبادت کی طرح پابندی سے کرتے ہیں آج آگرہ میں ہیں تو کل گوپا مئو میں کبھی بنارس میں ہیں تو کبھی کسی غیر معروف مقام پر مشاعرے میں نظر آرہے ہیں نیشنلسٹ شاعر ہونے کا دعویٰ ہے۔ وردی کے طور پر کبھی کبھی کھدر بھی پہن لیتے ہیں۔ ورنہ دراصل آپ کو سیاست سے کوئی تعلق ہی نہیں ہے۔ نظم کے علمبرداروں میں اس طرح شامل ہیں جس طرح راجہ پورس کی فوج میں ہاتھی شامل تھے یعنی بوقتِ ضرورت غزل بھی اس طرح پڑھ دیتے ہیں کہ نظم کی تمام علمبرداری سرنگوں ہو کر رہ جاتی ہے۔

فطرتاً بہت معصوم اور صورتاً نہایت خام مگر اقتصادی معاملات میں نہ معصوم نہ خام بلکہ نہایت پکے بزنس مین جو ''یک سخن'' کی قسم کے ضدی بھی اور ''نو نقد نہ تیرا اُدھار'' کی قسم کے مُنہ پھٹ بھی

ریاض خیرآبادی

سنا ہے کہ ریاضؔ مرحوم کبھی بڑے بانکے چھبیلے رسیلے بھی تھے مگر میں نے اُس وقت آپ کو دیکھا جب داڑھی اور سر کے بالوں کے علاوہ ابرو تک سفید ہو چلے تھے۔ والد صاحب مرحوم کے خاص احباب میں سے تھے لہذا۔ زیادہ حدِ آداب۔

ریاضؔ صاحب ضعیفی میں بھی کبھی کبھی جوان ہو جایا کرتے تھے۔ وصلؔ صاحب بلگرامی کے یہاں قیام ہے صفدر مرزاپوری مرحوم کو لوگ چھیڑ رہے ہیں۔ آپ نہایت متانت سے لئے دئے بیٹھے ہیں۔ چپکے سے مجھے بلایا۔ کان میں فرمایا۔ صفدر سے کہو کہ اپنے ذاتی شعر کہا کریں اور سمجھا بوجھا تو اردو چھوڑ دیں۔ میں نے صفدر صاحب سے یہی بات کہدی بس پھر کیا تھا صفدر صاحب میری جان کو آگئے اور ریاض صاحب رضائی میں منہ چھپا کر پہلے ہنستے رہے پھر سو گئے۔

ایک دن اپنے کسی مرض کے علاج کے لئے لکھنؤ کے ایک ٹھاکر صاحب کے پاس تشریف لیگئے جو مسمریزم سے ہر مرض کا علاج کرتے تھے۔ وہاں سے واپس آکر کہنے لگے کہ صاحب عجیب طریقہ ہے مریض کے گلے پر ہاتھ پھیرتے ہیں اور مریض بے ہوش ہو جاتا ہے بس یوں ہاتھ پھیرتے ہیں۔ یہ کہکر وصلؔ صاحب بلگرامی کے گلے پر ہاتھ پھیرا ہی تھا کہ

وصل صاحب بیہوش ہو گئے۔ پہلے ہم لوگ سمجھے کہ وصل صاحب نے تمثیل کی تکمیل کی ہے مگر بعد میں معلوم ہوا کہ واقعی بے ہوش ہیں۔ دس منٹ، پندرہ منٹ، آدھ گھنٹہ یہاں تک کہ ایک گھنٹہ اسی عالم میں گزر گیا۔ ریاض صاحب کی پریشانی کچھ نہ پوچھئے کبھی دوا کرتے تھے کبھی دعا کبھی گھبرا کر دونوں کو بھول جاتے تھے۔ وصل صاحب کے انتقال سے زیادہ اپنے خونی ہونے کی فکر تھی۔ خدا خدا کر کے وصل صاحب کو ہوش آیا اور ریاض صاحب کی جان میں جان آئی۔

ریاض صاحب سے جب ملاقات ہوئی ہے وہ مشاعروں کی شرکت اور شعر خوانی ترک کر چکے تھے۔ مگر کبھی کبھی جب کوئی خودکشی کی دھمکی دیدیتا تھا شعر سنا دیتے تھے۔ مگر اس طرح گویا ایک ناگوار فرض ادا کر رہے ہیں۔ یا کوئی بیگار بھگت رہے ہیں۔ افلاس اور تنگدستی کے باوجود بڑی آن بان کے آدمی تھے۔ رسی جل گئی تھی، مگر بل باقی تھے۔ آخر اسی آن بان کے ساتھ اُٹھ گئے۔ اور دیوان تک مرنے کے بعد شائع ہوا۔

زاہدہ خلیق الزّماں

حاجی محمد مصطفیٰ خانصاحب مصطفاء مالک کارخانہ اصغر علی محمد علی تاجر عطر لکھنؤ کے یہاں ایک مشاعرہ تھا۔ غالب کی طرح تھی۔ ع

جو تری بزم سے نکلا سو پریشاں نکلا

میری غزل میں ایک شعر تھا ؎

موت برحق تھی مگر کاش نہ آتی شبِ غم
یہ تو کہنے کو نہ ہوتا کوئی ارماں نکلا

مشاعرہ کے کچھ دنوں کے بعد مصطفا خانصاحب نے فرمایا کہ بھئی تمہارا وہ شعر اب تک یاد ہے اور میری بھتیجی زاہدہ بالکل تمہاری ہی طرح تمہارا یہ شعر پڑھ پڑھ کر سناتی رہتی ہے۔

کچھ دنوں کے بعد مس زاہدہ ارتضیٰ خاں کی حیثیت سے ملاقات ہوئی معلوم ہوا کہ خود بھی شعر کہتی ہیں۔ کلام سنا تو حیرت ہوگئی کہ اس قدر پختگی اور پردہ ہی پردہ میں پھر تو برابر سننے سنانے کا مشغلہ ہوتا رہا ہم ان کے شوکت بھائی اور وہ نہایت بے تکلفی کے ساتھ عزیزہ زاہدہ بن گئیں۔ یہاں تک کہ چودھری خلیق الزماں صاحب

ایم۔ ایل۔ اے کیساتھ جب ان کا عقد ہوا تو شوکت بھائی ان گواہوں میں تھے۔ جو دلہن سے "ہاں" کہلوانے حجلۂ عروسی تک جاتے ہیں۔ اب وہ عرصے سے محض زاہدہ نہیں بلکہ بیگم زاہدہ خلیق الزماں ہیں، متعدد بچوں کی ماں اور اتنے بڑے شوہر کی بیوی ہیں مگر اب تک شوکت بھائی اس انداز سے کہتی ہیں کہ وہی جھبڑی جھبڑی زاہدہ آنکھوں کے سامنے آجاتی ہے۔ مسلم لیگ کے ایک عظیم الشان مشاعرے کی صدارت فرمارہی تھی، خطبہ صدارت ارشاد فرمانے کے لئے جس وقت کھڑی ہوتی ہیں تو وہ اپنے کو صدر منتخب سمجھ رہی ہوں گی اور میری نگاہوں میں ان کی وہ تصویر پھر رہی تھی، جب وہ شوکت بھائی کو اپنی پہلی غزل سنانے کے وقت اس طرح ہمت پیدا کررہی تھیں جس طرح شوکت بھائی اس وقت ان کا تذکرہ لکھنے کے لئے ہمت پیدا کررہے ہیں مگر ناکام ہیں۔

ساغر نظامی

ساغر کو مرے ہاتھ سے لینا کہ چلا میں

۱۹۲۴ء کو ایک عمر ہوئی۔ گویا اُنیس سال کے بالغ تعلقات ہیں۔ ساغر صاحب پاکٹ سائز کے رسالہ پیمانہ کے ایڈیٹر تھے اور یہ خاکسار حسن ادب نامی ایک نہایت تھرڈ کلاس رسالہ کا ایسا ایڈیٹر تھا کہ سرورق پر اپنے کو خود "ملک التحریر" لکھ لکھ کر خوش ہوا کرتا تھا نہ املا درست تھا نہ انشا مگر تھے ایڈیٹر بھی۔ شاعر بھی اور مضمون نگار بھی۔ ہم دونوں اپنی اپنی جگہ پر بے حد قابل تھے۔ خیر ساغر صاحب کی تکمیل تو مولانا سیماب کے ہاتھ میں تھی مگر یہاں شترِ بے مہار کا عالم تھا۔ نہ جانے کیا کیا خرافات فرمایا کرتے تھے خیر ہمارا تو پوچھنا ہی کیا مگر ان "خیام العصر خالقِ جذبات" صاحب کا بھی یہ عالم تھا کہ ہمارے ایک نہایت پر تکلف لفافے سے متاثر ہو گئے۔ لفافہ سرخ رنگ کا تھا اور اُس میں اودا استر تھا۔ ساغر صاحب نے اِس لفافے کے متعلق لٹریچر میں اس طرح اضافہ فرمایا تھا۔ "ارغوانی شراب اور اودی گھٹاؤں کے ساتھ الپناہ" اس "الپناہ" والی عربی میں جو "پ" ہے وہ اضافہ نہیں تو اور کیا ہے مختصر یہ کہ ہم لوگوں کی خط و کتابت عام طور پر لٹریری ہوا کرتی تھی۔ اور کیوں نہ ہوتی۔ ادیب جو ٹھہرے۔ ایڈیٹر جو ہوئے۔

ساغر صاحب سے جب تک ملاقات نہیں ہوئی تھی وہ سمجھتے تھے کہ یہ شوکت نہایت "الپناہ" ہوگا۔ اور شوکت سمجھتے تھے کہ یہ ساغر یقیناً "اشد من الموت" ہوگا۔ مگر جب ملاقات ہوئی تو اس خاکسار نے ترک موالات کے بہانے تعلیم چھوڑ کر داڑھی رکھ لی تھی اس سے دو فائدے پہونچ رہے تھے ایک تو یہ کہ تعلیم چھوڑنے پر کسی کو اعتراض کرنے کی ہمت نہ ہوتی تھی۔ دوسرے وہ شادی جو فیل ہونے کی وجہ سے گڑبڑ ہوتی چلی جارہی تھی، اس داڑھی کے بدولت پختہ ہورہی تھی۔ بہر حال ساغر صاحب شوکت کی داڑھی دیکھ کر حیران رہ گئے۔ البتہ شوکت نے اُن کو وہی پایا جس کا اندیشہ تھا یعنی تقریباً شاہزادہ گلفام۔ ساغر صاحب ٹھہرے "الپناہ" اور ہم بھی جناب کچھ کم تو تھے نہیں "ملک التحریر" تھے۔ مذاق نہ باشد چنانچہ گفتگو کچھ اس طرح شروع ہوئی۔

"شوکت صاحب یہ نظریہ بھی ایک کلیہ ہے کہ سفر کی خرافاتیت شاعر کی لطافت نمائیوں کے صعوبات کا ایک عظیم انبار ہوتی ہے۔

"مگر ساغر صاحب میرے لئے تو یہ عید نظارہ ہے کہ آپ شمشیر سخن بنکر عریاں ہوتے ہیں اور میرے جذبات فقدانِ اظہار کے باوجود بیانگِ دہل یہی کہہ رہے ہیں۔ ع

ہائے اس زود پشیماں کا پشیماں ہونا

"یہ در اصل آپ کی مقناطیسیت تھی کہ میں گنبدِ تاج کے مرمریں سایہ کو چھوڑ کر عروس البلاد کے حجلۂ شعر آگیں میں نظر آرہا ہوں۔"

داڑھی پر ہاتھ پھیر کر عرض کیا "ایمان کفر کا میزبان ہے۔"

چوڑی دار پاجامے کی چوڑیاں مرتب کرتے ہوئے فرمایا کس قدر شعر بدوش بات کہی ہے آپ نے ایک میکدۂ رقصاں و لرزاں کا کیف اس ایک جملہ میں محبوس ہے۔

مختصر یہ کہ دو قاموسی پاگل ایک دوسرے کے مقابل تھے۔ ایک آدھ ملاقات تو اسی طرح ہوئی۔ کہ دونوں اپنی اپنی کہتے تھے اور سمجھنے کا دونوں طرف ذکر نہ تھا۔ پھر ذرا بے تکلف ہوئے تو مادری زبان بولنے کی کوشش کی۔ مگر ہر ملاقات میں ساغر صاحب کوئی نہ کوئی پہاڑ ہمارے لئے ضرور لاتے رہے کبھی "ردِّ عمل" کبھی "نئے تقاضے" کبھی کچھ نہیں تو بات بات پر "سماج کے بندھن" کی رٹ مختصر یہ کہ یہ سلسلہ اب تک جاری ہے خدا نہ کرے کہ کسی کی گھٹی میں لغات پڑ جائے۔

ساغر حسین ہیں۔ ذہین ہیں۔ آرٹسٹ ہیں۔ آرٹ ہیں۔ خوش لباس۔ خوش خوراک خوش وضع۔ خوش آواز۔ خوش اخلاق۔ یہاں تک کہ "خوش آمدید" تک ہیں۔ مگر خوش قسمت نہیں ہیں۔ یہ صرف مجھے معلوم ہے کہ میرا ساغر کس قدر بد قسمت ہے۔ ساغر کو فکرِ معاش سے آزاد ہونا چاہیے تھا۔ ساغر کو شعر و ادب کا پیشہ اختیار کرنا نہ پڑتا۔ یہ محض شوق ہوتا ساغر کے لئے ایک تاج محل کی قسم کا محل ہوتا جس کے آئینہ خانہ میں ساغر ہر وقت بنتے سنورتے رہتے کچھ حسین مصاحب ہوتے جو ان آرائشوں کی داد دیتے۔ کوئی گلاب پاشی کرتا۔ اور کوئی عطر بیزی۔ پھر اگر ساغر جھوم جھوم کر پڑھتے :۔

پٹ مندر کے کھول پجاری پٹ مندر کے کھول

تو اس کا کیف ہی کچھ اور ہوتا مگر یہ شاعر مزدور بن کر رہ گیا ہے۔ ادب کا مزدور ہے

بقول جوش کے یہ کمبخت جنسِ ہنر بیچتا ہے۔ اور جی بھر کے اپنے کو حسین سمجھنے۔ جامہ زیب دیکھنے۔ جاذبِ نظر تسلیم کرنے کا موقع بھی تو نہیں ملتا۔

فطرتاً آزاد ہیں۔ ایسے آزاد کہ نکاح کی قیمت پر بھی آزادی کو فروخت کرنے پر تیار نہ ہوئے۔ شاید یہ سودا ابھی کبھی ہو جائے۔ تادمِ تحریر تو آپ نے اعترافِ شکست کیا نہیں ہے اور اچھا ہی ہے اس لئے کہ پندارِ حسن اور شادی میں نہایت خطرناک تضاد ہے۔ اِس تضاد کا نتیجہ عام طور پر یہ ہوتا ہے کہ دونوں کے رُخِ روشن کے سامنے شمع ہے اور دونوں بیٹھے سوچ رہے ہیں کہ۔ ع

اُدھر جاتا ہے دیکھیں یا اِدھر پروانہ آتا ہے

ساغر صاحب کو رہنمائی کا بڑا شوق ہے۔ حالانکہ واقع ہوئے ہیں نہایت سخت رہزن۔ رہزنِ تمکین و ہوش۔ رہزنِ عقل و خرد وغیرہ۔ اصولاً اِس قسم کے رہزنوں کو رہنما ہونا تو نہ چاہیے۔ ویسے مشیتِ ایزدی میں کیا چارہ ہے۔

طبعاً نیشنلسٹ اور وضع قطع میں پیرس کا ڈھلا ہوا کھدر واقع ہوئے ہیں۔ بوقت ضرورت سوٹ بھی پہن لیتے ہیں۔ ورنہ عام طور پر شیروانی اور چوڑی دار پاجامے میں نظر آتے ہیں۔ اور سچ پوچھئے تو ان کی رعنائیاں اسی لباس میں شباب پر آتی ہیں۔ پہلے بال بہت خوبصورت تھے۔ اب بلدار ٹوپی میں خوبصورت معلوم ہوتے ہیں۔

ساغر کی خلوتوں کے بہت سے دلچسپ لطیفے اس وقت دماغ میں تو ناچ رہے ہے

ہیں۔ مگر قلم سے اِس لئے نہیں نکلتے کہ اپنا پول بھی کھلے گا اور ممکن ہے کہ جیل کا دروازہ بھی کھل جائے۔ لہٰذا زیادہ حدِ ادب

اسٹاپ پریس

تازہ ترین اطلاع مظہر ہے کہ ساغؔر صاحب کی شادی ہوگئی۔ خدا کرے یہ خبر سچّی ہو۔ حالانکہ ساغؔر صاحب کے متعلق اس قسم کی خبر کا معلوم نہیں کیوں دل کو اعتبار نہیں آتا۔ بہر حال تفصیلات کا انتظار ہے۔

سالک

مولانا عبدالمجید سالک ایڈیٹر انقلاب لاہور

سالک صاحب سے ایک طرفہ ملاقات تو اس وقت کی ہے جب آپ روزنامہ زمیندار کے افکار و حوادث میں اپنی قیامت خیز ظرافت کے کمالات دکھاتے تھے۔ اور یہ خاکسار اِس میدان میں بالکل مبتدی تھا۔ یعنی روزنامہ ہمدم کا مزاحیہ کالم "دو دو باتیں" لکھنا گویا بالکل شروع ہی کیا تھا۔ مجھ کو اچھی طرح یاد ہے کہ میں اس وقت کے تمام اخبارات کے مزاحیہ کالم بلاناغہ پڑھا کرتا تھا۔ اور سوائے افکار و حوادث کے کسی مزاحیہ کالم سے کبھی مرعوب نہ ہوتا تھا۔

پہلی مرتبہ لاہور آیا تو شالامار۔ اور جہانگیر کے مقبرے کے علاوہ قابلِ دید چیزوں میں سالک صاحب کو بھی اپنے پروگرام میں رکھا تھا۔ دفتر انقلاب میں ملاقات ہوئی۔ مل کر بے حد خوش ہوا اور سالک صاحب کو حسبِ توقع زندہ پایا۔ حالانکہ روزنامہ اخبار کے دفتروں میں جو لوگ زندہ ہوتے ہیں وہ بھی زندہ درگور نظر آتے ہیں مگر سالک صاحب کے اردگرد کہیں گور کا پتہ نہ تھا۔ زندگی ہی زندگی تھی۔

میرے آخری اخبار روزنامہ طوفان کے تبادلہ میں انقلاب برابر آتا رہا۔ جب طوفان بند کیا تو تمام

اخبارات کو جو تبادلے میں آتے تھے اطلاع دیدی کہ بھائی مراسم ختم کرو مگر انقلاب کو دانستہ اطلاع نہ دی اور اس بے ایمانی کے طفیل طوفان بند ہونے کے تین مہینے بعد تک افکار و حوادث پڑھتے رہے۔ آخر انقلاب والوں نے شاید خود پتہ لگا لیا ہوگا کہ یہ پرچہ ضائع ہو رہا ہے۔

سالک صاحب کو میں بہت بڑا مزاح نگار مانتا ہوں اگر وہ افکار و حوادث سے آزاد ہوتے تو پطرس کے پایہ کے مزاح نگار تسلیم کیئے جاتے۔ اب بھی سیاسی ظرافت میں ان کا درجہ بہت بلند ہے البتہ ان کے مزاح میں فرقہ دارانہ جھلک ضرور ہے اور یہ قصور انکا نہیں۔ در اصل اخبار نویسی کی خطا ہے۔

مسکراتا ہوا چہرہ ہنستی ہوئی آنکھیں ۔ اردو بولیں تو قطعاً پنجابی نہیں معلوم ہوتے اور پنجابی بولتے ہیں۔ تو یہ خیال نہیں ہوسکتا کہ یہ شخص اردو جانتا بھی ہوگا۔

شعر خوب کہتے ہیں اور خوب پڑھتے ہیں۔ آواز ترنم کی حد تک نہیں بلکہ غنا کی حد تک اچھی ہے۔

سالک صاحب کو دور سے قابلِ قدر سمجھ کر دیکھا تھا۔ یا دیکھ کر قابلِ قدر سمجھے تھے۔ مگر قریب سے تو وہ کچھ اور ہی ہیں۔ سوسائٹی کے لئے ایک چلتی پھرتی رحمت۔ خود زندہ اور دوسروں کے لئے زندگی۔ مصیبت تو یہ ہے کہ وہ جس حد تک دلچسپ ہیں اُس حد تک ہم بیان بھی تو نہیں کر سکتے۔ ہم چونکہ ادیب

ہیں، تہذیب کے علمبردار ہیں لہذا جہاں سچ بولنے کو جی چاہتا ہے۔ وہاں اعتبارات کی دفعہ ۱۴۴۔ نافذ ہو جاتی ہے۔ اور ہم زیادہ حدِ ادب کہہ کر رہ جاتے ہیں حالانکہ سچ تو یہ ہے کہ سالک جس قدر دلچسپ نظر آتے ہیں وہ دراصل ان کی دلچسپ شخصیت کی محض ایک جھلک ہے ورنہ وہ تو قیامت ہیں ؎

دم بخود ہیں حضرتِ زاہد نہیں تک دیکھ کر
ہوش اڑ جاتے اگر شیشے کے باہر دیکھتے

سائل دہلوی

نواب سراج الدین احمد خاں سائل دہلوی

داغ کے داماد بھی مگر ہمارے تو بزرگ ہی ہیں۔ مشاعروں کے طفیل میں ہمیشہ نیاز حاصل ہوا ہے کبھی لکھنؤ میں کبھی دہلی میں۔ مرعوب ہونے کے مواقع بھی پیش آئے ہیں۔ لیکن شاعری کے سلسلے میں نہیں بلکہ شخصیت کے سلسلہ میں۔

آخری ملاقات دہلی کے ایک مشاعرے میں ہوئی تھی جہاں آپ بمشکل تمام ایک کرسی پر بیٹھکر آئے تھے عجیب عبرت انگیز منظر تھا۔ اور دل بار بار یہی کہہ رہا تھا کہ شوکت صاحب مشاعروں کی شرکت چھوڑئیے۔ ورنہ بعد میں مشاعرے نہ چھوڑیں گے۔ آپ کو یہ بزرگ تو محض کرسی پر تشریف لائے ہیں لیکن زمانہ برابر ترقی کر رہا ہے آپ کو اپنی قبر میں بیٹھکر مشاعرے میں آنا پڑے گا۔

سائل صاحب نہایت شفیق بزرگ۔ نہایت کہنہ مشق شاعر۔ نہایت خوش آواز پڑھنے والے اور نہایت باوضع اگلے وقتوں کے لوگ ہیں۔ داغ کی جانشینی کے دعوے دار تو خیر بہت سے ہیں مگر سائل صاحب داماد بھی ہیں۔ لہٰذا حق پوچھئے تو آپ ہی کو پہنچتا ہے۔

سبطِ حسن

سید سبطِ حسن ایڈیٹر ماہنامہ نیا ادب لکھنؤ۔ (فی الحال بمبئی)

سبطِ حسن سے واقفیت بہت پرانی اور دوستی بالکل نئی ہے۔ دو دیر آشنا دل میں دوستی عرصہ تک معلق رہی۔ آخر دونوں آگے بڑھے اور گلے مل گئے۔

سبطِ حسن لکھنؤ کی گکڑیوں کی طرح نازک۔ کوکا بیلی کے باسی پھول کی طرح حسین اور تکلیفیں اٹھانے میں آہنی قسم کے مضبوط انسان ہیں۔ ترقی پسند ادیبوں میں نہایت وقعت کی نظر سے دیکھے جاتے ہیں۔ البتہ یہ فیصلہ ابھی نہیں ہوا ہے کہ وہ ترقی پسند زیادہ ہیں یا ادیب زیادہ اور سچ پوچھئے تو یہ فیصلہ بہت سے ترقی پسند ادیبوں کے متعلق ابھی تک نہیں ہوا ہے۔ بہر حال سبطِ حسن اُن ترقی پسند ادیبوں میں سے یقیناً نہیں ہیں۔ جن کے متعلق یہ طے ہو چکا ہے کہ ترقی کم، پسند زیادہ اور ادیب بالکل نہیں۔

سبطِ حسن یوں تو جونپور کے رہنے والے ہیں لیکن اپنا وطن اسٹالن گراڈ کو ظاہر کرتے ہیں اور میکسیم گورکی کا ذکر اس پیار سے کرتے ہیں کہ کیا کوئی اپنے کسی عزیز کا ذکر کرے گا۔ جب یہ نحیف و نزار سوشلسٹ اپنے منہ میں چرچل والا سگار

دبا کر کامریڈ اسٹالن کی باتیں کرتا ہے تو میں یہ سوچا کرتا ہوں کہ اِس قد کے اِنسان کو کِس قد کا سگار پینا چاہیے۔ وہ سمجھتے ہیں کہ میں ان کی سیاسی قابلیت میں محو ہو کر رہ گیا ہوں۔ حالانکہ میں ان کی صحت کے متعلق غور کیا کرتا ہوں کہ مجنوں اگر گریجویٹ ہو کر سوشلسٹ ہو جاتا تو یقیناً ایسا ہی ہوتا یا سبط حسن اگر گریجویٹ اور سوشلسٹ ہونے کے بجائے نجد میں چھوڑ دیے جاتے تو خود لیلیٰ کو ان میں اور مجنوں میں امتیاز دشوار ہو جاتا اور بیچاری یقیناً دھوکہ کھا جاتی ؞

سپرو

رائٹ آنریبل سر تیج بہادر سپرو۔

سر تیج بہادر سپرو سے ملاقات ہونے کی دو ہی چار صورتیں ممکن ہیں۔ مثلاً یا تو آدمی وائسرائے ہو یا مہاتما گاندھی یا شاعر یا کم سے کم جرائم پیشہ۔ خیر وائسرائے یا مہاتما گاندھی تو ہر ایک ہو نہیں سکتا۔ البتہ اگر شاعر ہے تو مشاعروں میں ادب اردو کے اس شیدائی کو کبھی نہ کبھی دیکھ لیگا اور جرائم پیشہ ہے تو اپنے کو بری کرانے کی آخری صورت اس کی سمجھ میں یہی آئے گی کہ سر سپرو سے اپنے مقدمہ کی پیروی کرائے۔ بہر حال یہ آخری سعادت تو ہم کو حاصل نہ ہو سکی۔ البتہ مشاعروں اور ادبی اجتماعوں میں ادبِ اردو کے اِس محسنِ اعظم کی قربت کے مواقع اکثر و بیشتر حاصل ہوئے۔

سر سپرو کو اردو شاعری سے عشق کی حد تک دلچسپی ہے۔ کہہ کہہ کر مشاعرے منعقد کراتے اور رات رات بھر ایک ہی پہلو سے بیٹھ کر کلام سنتے ہیں۔ ان کا ایسا مصروف اور کبھی مہلت نہ پانے والا انسان اگر وقت نکالتا ہے تو صرف شعر و سخن کی محفلوں کیلئے ہندوستانی ایکاڈمی کا ایک جلسہ لکھنؤ کی بڑی نمائش ۱۹۳۷ء کے موقع پر لکھنؤ میں ہوا۔ میں نے بھی ایک مزاحیہ مقالہ لکھنؤ اور لکھنویت کے موضوع پر پڑھا تھا۔ سر سپرو نے

اِس مقالہ کو محض سنا اس ادا کے ساتھ کہ میں اپنے مضمون کی داد وصول کرنا بھول کر اُنکے سننے کی داد دینے کے لئے بےچین ہو گیا۔ تمام مضمون کے اُن مقامات پر سر سپرو کی آنکھوں میں خاص چمک نمایاں دیکھی جن مقامات پر میں نے اپنے نزدیک اپنا آرٹ صرف کیا تھا لکھنؤ کی انجمن بہار ادب کے ایک سالانہ مناثرہ میں مجھ کو پھر مقالہ پڑھنے کا اتفاق ہوا اور اتفاق سے سر سپرو ہی صدر نشین تھے۔ یہاں بھی اُن کے حسنِ سماعت کا قائل ہونا پڑا آخر اپنے مجموعہ مضامین طوفانِ تبسّم ہی کو سر سپرو کے نام معنون کر دیا کہ کہاں تک میں ایک ایک مقالہ سناتا رہونگا۔

سر سپرو ادب اردو کے اُن محسنوں میں سے ہیں کہ آپ نے اردو کی حمایت میں کبھی اپنی گھر یلو مخالفت کی بھی پرواہ نہ کی اور ببانگ دہل یہی کہا کہ "میں اردو کو ایک ایسی زبان تسلیم کرتا ہوں۔ جو ہندو مسلم اتحاد کی جیتی جاگتی منہ بولتی کھیلتی یادگار ہے"۔ ایک اجتماع میں سر سپرو نے "ہندوستانی" کے متعلق بھی بہت خوب کہا کہ "میں اردو کا قائل ہوں میں ہندی کا قائل ہوں مگر یہ ہندستانی کیا بلا ہے۔ اِس سے بالکل واقف نہیں ہوں۔

خواجہ حسن نظامی صاحب بعض اوقات بڑی دُور کی کوڑی لاتے ہیں۔ سر تیج بہادر سپرو کے متعلق الہ آباد کے ایک ادبی اجتماع میں آپ نے فرمایا کہ "آپ یوں تو سر تیج ہیں مگر اردو کے سرتاج ہیں اور اردو آپ کو سپرو نہیں اپنا سپر سمجھتی ہے"۔ خواجہ صاحب کی یہ تشریح صرف صناعی نہیں واقعہ بھی ہے۔

سجّاد حیدر یلدرم

سید سجاد حیدر یلدرم۔

بچپن سے سید سجاد حیدر یلدرم اور نذر سجاد حیدر صاحبہ کے نام سنتے چلے آئے تھے مضامین اور افسانے برابر پڑھے تھے۔ مگر ملاقات ہوئی لکھنؤ ریڈیو اسٹیشن پر۔ یوں دیکھ تو چکے تھے علیگڈھ میں بھی۔

دبلے پتلے۔ دہان پان۔ ترکی ٹوپی پہنے ہوئے گویا مہاتما گاندھی۔ بوڑھے ہو چکے ہیں مگر ابتک شرمیلی طبیعت ہے اپنی ادبی خدمات کا شاید احساس ہی نہیں غرور تو دوسری چیز ہے اپنے سامنے کے ادبی بچوں کا بھی اس انداز سے احترام کرتے ہیں۔ گویا آپ خود تو کچھ ہیں ہی نہیں جو کچھ ہیں یہ نئی پود کے برخورداران ادب ہیں۔

مختصر افسانہ نگاری کے باوا آدموں میں سے سجاد حیدر بھی ایک ہیں ایک زمانہ میں آپکی نظمیں بھی پڑھی تھیں۔ مزاحیہ بھی اور سنجیدہ بھی مگر اب عرصہ سے کچھ نہیں کہتے۔ افسانے لکھنا بھی بہت ہی کم کر دیئے ہیں گویا ادب کے بھی پنشنر ہو کر بیٹھ رہے ہیں۔

میں یہ سطریں لکھ ہی چکا تھا کہ سجاد حیدر یلدرم کے سفر آخرت کی خبر بھی سن لی۔ افسانہ نگار خود افسانہ بنکر رہ گیا۔ انا للہ وانا الیہ راجعون۔

سُہا مجدّدی

ہندوستان کے جتنے بڑے اتنے ہی چھوٹے شاعر بچپن سے نام سنتے چلے آئے تھے۔ کلام پڑھ کر جھومتے تھے اور ملنے کو دل چاہتا تھا۔ آخر عجیب و غریب طریقہ پر ملاقات ہوگئی۔ نام بتانے کی ضرورت نہیں۔ بہر حال ایک جگہ ہم اس لئے بلائے گئے تھے کہ ہماری غزلوں کے دو ریکارڈ بھر کر ان کی پروف کاپی آئی ہوئی تھی اور مقصد یہ تھا کہ ہم بھی سُن لیں۔ چنانچہ وہ ریکارڈ سنتے رہے۔ ریکارڈ سننے کے بعد گرامو فون بند جو کیا گیا تو ڈھکنے کے بند ہونے کے بعد پتہ چلا کہ اُس طرف ایک صاحب بیٹھے ہوئے تھے۔ جو اس قدر مختصر تھے کہ گراموفون کے ڈھکنے کی وجہ سے نظر نہ آسکے۔ تعارف کرایا گیا کہ آپ ہی مولانا سہا ہیں۔ مدت کی آرزو اِس لطیفہ کے ساتھ بر آئی۔ پھر تو مولانا سے اکثر ملاقاتیں ہوتی رہیں۔

قدرت نے اتنے سے جسم میں سب ہی کچھ مہیا کر دیا ہے۔ مگر دماغ جسم کے تناسب سے بہت بڑا عطا کیا ہے۔ ادب اردو میں مولانا کو بہت بڑا درجہ حاصل ہے صرف شاعر ہی کی حیثیت سے نہیں بلکہ نقاد کی حیثیت سے بھی۔ غالب کے آپ خاص اسکالر ہیں اور دیوان غالب کے شارحین کی فوج کی صفِ اول میں نظر آتے ہیں۔ مولانا

کے سامنے کوئی ادبی گتھی لیکر جائے اِس خوبصورتی سے سلجھائیں گے کہ نہ صرف دل کو اطمینان ہو جائیگا بلکہ دماغ اس غلط فہمی میں بھی مبتلا ہو جائیگا کہ خواہ مخواہ اِس معمولی سی بات کو اتنی اہمیت دی تھی۔ حالانکہ یہ در اصل مولانا کا کمال ہوتا ہے۔ کہ پتھر کو پانی بنا کر بہا دیتے ہیں۔

مولانا کی ادائیں بعض اوقات اتنی دلکش ہوتی ہیں کہ ان سے کھلونے کی طرح کھیلنے کو دل چاہتا ہے۔ اور کبھی کبھی مولانا ایسے قابو سے باہر ہو جاتے ہیں کہ سمجھ میں نہیں آتا کہ ان کو کیونکر سنبھالا جائے۔ مگر بحیثیت مجموعی مولانا سہا قابلِ قدر شخصیت ہیں اور صحیح معنوں میں ناز برداری کے مستحق۔

سیّدہ سردار اختر

آپ کا نام پہلے لیڈر، پھر خطیبہ اور آخر میں شاعرہ کی حیثیت سے سنا، برسوں میں اکثر نظمیں اور غزلیں بھی نظر سے گذریں اور پھر آپ خود بھی ایک دن لکھنؤ ریڈیو اسٹیشن پر نظر آگئیں۔ آپ کا کلام آپ کی زبان سے سُنا۔ اپنا کلام اپنی زبان سے سنایا۔ حالانکہ کلام سناتے ہوئے معلوم نہیں کیوں مرعوب تھے۔ جس کا اندازہ خود اپنی آواز کی تھرتھراہٹ سے ہو رہا تھا۔

محترمہ سیّدہ سردار اختر صنفِ نازک کے لفظ "نازک" کی طرفدار نہیں معلوم ہوتیں۔ قومی جوش میں بھی کسی مرد خادم قوم سے آپ پیچھے نہیں ہیں۔ شعر بھی بہت سے شاعروں سے اچھے کہتی ہیں اور پڑھتی بھی خوب ہیں۔ پڑھنے کے طریقے میں اور شعر کی بندشوں میں حضرت جگر مراد آبادی سے متاثر نظر آتی ہیں۔

سیماب اکبرآبادی

مولانا سیماب اکبرآبادی سے اُسی وقت سے نیاز حاصل ہے جب سب سے پہلی مرتبہ ساغر صاحب نظامی ۱۹۲۴ء میں لکھنؤ تشریف لائے تھے اور غریب خانہ ہی پر قیام فرمایا تھا۔ آپکے جانے کے بعد ہی سیماب صاحب بھی تشریف لائے۔ اور پھر سیماب صاحب کے ہمراہ ہم کو بھی گورکھپور جانا پڑا تھا۔ عجیب سفر تھا راستہ بھر سیماب صاحب مون برت رکھے رہے۔ سیماب صاحب اپنی ذاتی علالتوں، افکار اور خواہ مخواہ کی لادی ہوئی پریشانیوں کا ہمیشہ ایک مجموعہ نظر آئے۔ ایک آدھ مرتبہ ہم نے مولانا کو ہنستے ہوئے بھی دیکھا ہے لیکن یا تو اخلاقاً یا انتظاماً۔ کبھی یہ بات بیساختگی کے ساتھ نظر نہیں آئی آپ پر کبھی کبھی تو یہ شبہ ہوتا ہے کہ خلوص برت رہے ہیں اور کبھی کبھی یہ اندیشہ ہوتا ہے کہ چل رہے ہیں۔ اب اللہ ہی بہتر جانتا ہے کہ دونوں میں سے کونسی بات سچی تھی۔

مولانا ایک قادر الکلام شاعر ہیں۔ میں نے ان کے ایسے "ایور ریڈی" شاعر بہت کم دیکھے ہیں۔ ہر وقت جس تعداد میں کہئے شعر کہہ کر رکھ دیں۔ گویا شاعری ان کے لئے دال بھات ہو کر رہ گئی ہے۔ پڑھتے ایک خاص انداز سے ہیں جس کی میں نہایت لاجواب نقل اتارتا ہوں اور اس نقل کے مطابق اصل ہونے کی داد خود ساغر صاحب

دے چکے ہیں۔ یہ اور بات ہے کہ سیماب صاحب کے سامنے مکر جائیں۔

سیماب صاحب میں بے شمار خوبیاں ہیں۔ میں ان کی قابلیت انکی قادرالکلامی اُن کی سخن سنجی و سخن فہمی وغیرہ کا دل سے معترف ہوں۔ البتہ ایک عیب بھی ہے جو اکثر ان کے نام کے ساتھ لگا رہتا ہے یعنی "علامہ" مگر میرا خیال ہے کہ اس عیب کو مولانا خود بھی اچھی نظر سے نہ دیکھتے ہونگے۔ البتہ شکایت یہ ہے کہ اگر کوئی آپکو "علامہ" لکھتا ہے تو آپ چپ کیوں رہ جاتے ہیں۔ اس پر توہین کا مقدمہ کیوں نہیں چلاتے۔ بلکہ میں تو اس سلسلہ میں فوجداری تک کو جائز سمجھتا ہوں۔ امید ہے کہ مولانا بھی غور فرمائیں گے۔

شادؔ

"دیوان الانشار" تربینی سرن شاد، بی، اے ایل، ایل بی۔ سب جج بھوپال۔

یہ قصہ ہے جب کا کہ شوکت جوان تھا اور اس کی نئی نئی شادی اس طرح ہوئی تھی کہ خسر صاحب محترم مین پوری میں مقیم تھے۔ سسرال میں اپنی دھاک بٹھانے کے لئے ضروری تھا کہ مین پوری کے تمام مشاعروں میں شرکت کی جائے۔ چنانچہ ان مشاعروں سے اور تو خیر کچھ نہ ملا البتہ چار دوست مل گئے۔ جگر مراد آبادی۔ فانی بدایونی۔ تربینی سرن شادؔ اور بہاری چرن صادق۔

تربینی سرن شادؔ اس زمانہ میں شاعر بھی تھے اور شعر بھی۔ سمجھ میں نہیں آتا کہ اگر یہ حسن والے بھی شعر کہنے لگیں تو پھر شاعر غریب کا مخاطب کون ہو، بہر حال ایک جوان رعنا ہنستی ہوئی جوانی اور تڑپنے والے حسن کے ساتھ مشاعروں میں چمکتا ہوا نظر آیا۔ کلام سنا تو شاد دل و دماغ میں گونج کر رہ گئے۔ یوں تو خیر آپ نے اقرار اب تک نہیں کیا ہے۔ مگر کلام سے یہی معلوم ہوتا ہے کہ خود بدولت بھی چوٹ کھائے ہوئے ہیں اُس زمانہ میں آپ کے دو شغل تھے۔ وکالت اور شاعری۔ معلوم نہیں وکالت زیادہ چلتی تھی یا شاعری۔ بہر حال عدالت میں دیکھنے کا اتفاق تو نہیں ہوا۔ البتہ ان کو کیل

صاحب کو شاعر کی حیثیت سے دیکھ کر یہی اندازہ ہوا کہ ایسے خوش مذاق اِنسان کو وکالت سے کیونکر دلچسپی ہو سکتی ہے۔

بین پوری کے بعد آپ بھوپال میں نظر آنے لگے۔ بھوپال میرے لئے تھانہ بھون کے بعد دوسرا وطن ہے اور ترہینی سرن شاد وہاں کے سب جج۔ وہاں کی سوشل زندگی کی روح۔ وہاں کے ادبی ہنگاموں کے بہت بڑی حد تک بانی۔ نتیجہ یہی ہوا کہ بھوپال کے کسی ادبی اجتماع میں شرکت کیلئے گئے تو اپنے بھائی دارشد صاحب تھانوی، کے یہاں بھی ٹھہرنے کی اجازت نہ مل سکی یا نوشاد کے یہاں رہو یا بہاری چرن صادق کے یہاں ورنہ یہ دونوں ٹھہرے حکام، ممکن ہے کہ جیل میں رہنا پڑے۔

پہلے صاحب سلامت تھی۔ پھر دوستی ہوئی اور اب عزیزداری ہے جس کی درجے تو خیر محبت سب ہی کو ہو سکتی ہے مگر شاد ویسے بھی جادوگر ہیں۔ بڈھے ہونے کو آئے بال سفید ہیں مگر مجھے ابتک ان پر پیار آتا ہے اور اُن کو اِس پیار پر غصہ نہیں آتا۔ ورنہ مجھے اور پیار آتا۔

ترہینی سرن شاد اب شاعر کم اور جج زیادہ ہو گئے ہیں مگر شاعری اُن کی گھٹی میں پڑی ہوئی ہے جب کہتے ہیں خوب کہتے ہیں۔ ان کی شاعری کی سب سے بڑی خوبی یہ ہے کہ وہ فنّی چیز نہیں ہوتی بلکہ وارداتی چیز ہوتی ہے۔ چنانچہ میں بھی ان کو فنی داد نہیں دیتا بلکہ وارداتی داد دیتا ہوں۔ یہ وارداتی داد کیسی ہوتی ہے۔ یہ ایک راز ہے

شاہد احمد

شمس العلماء خان بہادر مولوی نذیر احمد کے پوتے اور مولانا بشیر احمد کے صاحبزادے ہونے کے علاوہ مختلف بچوں کے والد ہیں۔ ہندوستان کے مشہور ترین اور مستند رسالہ ساقی دہلی کے ایڈیٹر اور ادب اردو کے سرگرم معاونوں میں سے ہیں۔

شاہد احمد صاحب کو صرف ادب سے نہیں تقریباً تمام فنونِ لطیفہ سے تھوڑا بہت شغف ضرور ہے مثلاً موسیقی کے آپ اس حد تک دلدادہ ہیں کہ نہ صرف پکا گانا سنکر ضبط کر لینے پر قدرت رکھتے ہیں بلکہ حلق اور پھیپھڑے کی یہ ورزش خود بھی فرماتے ہیں۔ شاعری سے آپکو ذاتی طور پر کوئی دلچسپی نہیں ہے مگر حضرتِ بہزاد لکھنوی کے کلام کو ہندوستان میں صرف دو ہستیوں نے پھیلایا ہے۔ اختری بائی فیض آبادی نے گا کر اور شاہد احمد صاحب نے چھاپ کر تصاویر سے آپ کو جو ذوق ہے اس کا اندازہ رسالہ ساقی کی تصاویر سے ہوتا تھا۔ ڈرامہ سے ذاتی طور پر آپ کو دلچسپی ہے۔ لکھتے بھی ہیں اور اکثر انکے کردار بھی پیش کرتے ہیں مزاح سے دلچسپی کا اندازہ اسی سے ہو سکتا ہے کہ مرزا عظیم بیگ چغتائی سے جتنا آپ قریب رہے اتنا شاید ہی کوئی دوسرا رہا ہو۔ مختصر یہ کہ شاہد احمد صاحب بحیثیت مجموعی عجیب چہل پہل کے آدمی ہیں مگر ملئے تو نہایت خاموش۔ نہایت کم سخن اور کبھی کبھی خالص تاجر لیکن سطح کے اس سکون کے نیچے یہ سمندر طوفانی ہے جسمیں خود بھی ڈوبے ہوئے ہیں اور جسکو چاہیں ڈبو بھی سکتے ہیں۔ ❁

شمس الدین

حکیم خواجہ شمس الدین

جو شخص لکھنؤ میں رہا ہو اور حکیم خواجہ شمس الدین سے نہ ملا ہو۔ اس کے متعلق میری ذاتی رائے یہ ہے کہ اسکا لکھنؤ میں رہنا ناقابلِ اعتبار لکھنؤ کے متعلق اس کی ہر واقفیت ناقص اور لکھنؤ کے سلسلہ میں اس کی تمام معلومات فاتر ہے حکیم خواجہ شمس الدین در اصل بجائے خود ایک شہر ہیں، نہ معلوم کیا کیا چیزیں آپ میں آباد نظر آتی ہیں۔ حافظ آپ ہیں اور وہ بھی صرف کلام مجید کے نہیں بلکہ ہر اُس کتاب کے جو آپکے مطالعہ سے ایک آدھ مرتبہ گزر چکی ہو۔ قاری آپ ہیں صرف عربی کے نہیں اردو کے بھی۔ مولوی آپ ہیں قاعدہ بغدادی پڑھانے والے نہیں بلکہ خود پڑھنے والے۔ حاجی آپ ہیں حکیم آپ ہیں میونسپل کمشنر آپ ہیں خطیب آپ ہیں مختصر یہ کہ آپ کی ایک نحیف ولاغر ذات میں سیکڑوں موٹی موٹی خصوصیتیں اس طرح بھری پڑی ہیں کہ آپ کو خصوصیات کا مال گودام کہا جائے تو غلط نہ ہوگا۔

صبح کے وقت آصف الدولہ کے امام باڑہ کے میدان میں دوڑ رہے ہیں۔ نو بجے مطب میں ریشہ خطمی، عناب ولائتی اور مویز منقیٰ کی گردان ہو رہی ہے۔ دوپہر کو

چھڑی ہاتھ میں ہے اور پیدل اس طرح سڑک پر جا رہے ہیں گویا چھڑی کو بائیسکل سمجھ کر فرائٹے بھر رہے ہیں۔ سہ پہر کو میونسپل بورڈ کے اجلاس میں ساٹھ میل فی گھنٹہ کی رفتار سے تقریر کر رہے ہیں۔ شام کو کسی پارٹی میں چہک رہے ہیں۔ اور رات کو کسی ڈنر میں موجود ہیں۔ ایک مستقل حرکت۔ ایک مسلسل دور۔ سر میں دماغ اور پاؤں میں سنیچر۔ دماغ بھی چل رہا ہے اور خود بھی چل رہے ہیں نہ وہ تھکتا ہے نہ یہ تھکتے ہیں ہم آپ سب چار عناصر سے بنے ہیں۔ حکیم صاحب کے لیے ایک پانچواں عنصر بجلی بھی قدرت کو شامل کرنا پڑا۔ ہر بات میں تیزی اور تڑپ موجود ہے۔ وہ بات کریں تو آپ کی سماعت شارٹ ہینڈ لکھنا شروع کر دے۔ آپ مطلع ٹٹولتے رہیں اور وہ مقطع پہ نظر آئیں۔ تیز گام اس قدر کہ منزل اور جادہ دونوں پناہ مانگیں۔ ایسا برق بلا آدمی بغیر پٹرول پیئے کوئی نہیں بن سکتا۔ پھر یہ کہ ہر وقت موزوں۔ آمد ہی آمد۔ آورد کا پتہ نہیں۔ میں تو حکیم صاحب کی قدر انسان کی حیثیت سے نہیں یکے از عجائبات عالم کی حیثیت سے کرتا ہوں۔

شہید

مولانا صبغۃ اللہ شہید انصاری فرنگی محلی۔

فرنگی محل لکھنؤ کے علمائے کرام سے عقیدت تو دوسری چیز ہے مگر محبت صرف دو سے کی۔ ایک مولوی عنایت اللہ صاحب مرحوم و مغفور۔ دوسرے انکے بھتیجے اور میرے بچوں کے چچا مولوی صبغۃ اللہ صاحب شہید۔

مولانا در اصل میرے بھائی ارشد صاحب تھانوی کے دوست تھے جو امتدادِ زمانہ سے بعد میں میرے دوست رہ گئے۔ ایسے ذہین آدمی کا مولوی ہونا شاید بہت سے لوگوں کی سمجھ میں نہ آئے لیکن میں نے بہت سے ذہین مولوی بھی دیکھے ہیں چنانچہ ان ہی میں سے ایک آپ بھی ہیں تخلصاً آپ شہید ہیں لیکن سچ پوچھئے تو ہیں غازی آپ کا کوئی شعر تو کبھی نہیں سنا لیکن آپکی تقریروں میں نثر کی شاعری کا لطف ضرور حاصل کیا ہے تقریر اسطرح فرماتے ہیں گویا پنجاب میل شعر کہتی چلی جا رہی ہے اور سننے والے کھڑے ہوئے سبز جھنڈیاں دکھا رہے ہیں۔ روانی میں سلاست اور سلاست میں روانی۔ آپکی تقاریر کی خصوصیت ہے میلاد شریف پڑھیں یا نکاح پڑھائیں۔ خلافت فنڈ کیلئے اپیل کریں یا میونسپل بورڈ کے کسی امیدوار کی حمایت ہر قسم کی تقریر میں شاعری اپنی پری لطافتوں کے ساتھ کھنکتی مے زمزمہ ساتی نغمہ سرائی کرتی بلکہ کبھی کبھی ناچتی ہوئی بھی نظر آجاتی ہے۔ مولانا کو مجھ سے جو خلوص ہے اسکو میں اپنے لئے ایک طاقت سمجھتا ہوں معلوم نہیں وہ میری دوستی کے متعلق کیا رائے رکھتے ہونگے۔

صادقؔ

بہاری چرن سکسینہ صادقؔ بی۔اے۔ایل۔ایل۔بی۔مگر وکیل نہیں۔ بلکہ بھوپال میں اسٹیٹ ایڈوکیٹ جبب مین پوری کو سسرال کا درجہ حاصل تھا۔اس وقت وہاں کے مشاعروں میں تربینی سرن شاد اور بہاری چرن صادق ساتھ ساتھ اس طرح نظر آتے تھے جیسے اکسٹھ باسٹھ یا عین غین۔ اتحاد کی بہت سی قسمیں دیکھی ہیں مگر یہ عجیب قسم پہلے کبھی نظر نہ آئی تھی۔محمد علی شوکت علی، سپرد جیکر، اصغر علی محمد علی، نور الٰہی محمد عمر، احمد حسین دلدار حسین، لارنس اینڈ میئو، غوری اور ڈگشٹ، عرض تو کیا کہ بہت سے اتحاد دیکھے ہیں مگر صادق شاد یا شاد صادق۔یہ شاعروں کی نئی کمپنی نظر آئی۔ نتیجہ یہ کہ دونوں سے دوستی ہوگئی۔اب یہ کمپنی مین پوری سے منتقل ہو کر بھوپال پہونچ گئی ہے اور ہماری دوستی بھی اس کمپنی کے دفتر کے ساتھ ساتھ بھوپال میں ہے۔

صادقؔ جتنے اچھے شاعر ہیں اس سے زیادہ اچھے انسان ہیں۔اور اس سے بھی زیادہ اچھے دوست ہیں میں اپنے چند دوستوں کی اگر انگلیوں پر گننے والی کوئی فہرست بناؤں تو اس میں صادق بھی ہونگے

بھوپال کی ادبی سرگرمیاں اسی کمپنی کے سپرد ہیں اور بھوپال جاکر ہم خود اسی

کمپنی کے سپرد ہو جاتے ہیں۔ یہاں تک کہ ارشد صاحب کا بھی بس نہیں چلتا۔

صادق بہاری چرن ہوں یا نہوں۔ مگر صادق ضرور ہیں۔ ان کے خلوص کے صدق سے کون کافر انکار کرسکتا ہے۔ ان کی شاعری دراصل ان کے خلوص کی زبان ہے۔ بہت کم کہتے ہیں مگر جو کچھ کہتے ہیں وہ شاعری نہیں بلکہ صداقت ہوتی ہے۔ پڑھتے البتہ اس بے کیفی کے ساتھ ہیں کہ سرمشاعرہ ان سے فوجداری کرنے کو دل چاہتا ہے۔ مگر یہ بھی واقعہ ہے کہ وہ شعر کہتے ہیں۔ ٹھمری یا دادرا نہیں کہتے کہ لحن بھی ضروری ہو۔

صدیق

مولوی محمد صدیق مالک صدیق بکڈپو لکھنؤ

لکھنؤ کے امین آباد پارک کے مشرقی گوشہ کی آخری دوکانوں کے پاس چلے جائیے۔ آپ کے کانوں میں ایک بلند بے تکلف اور کچھ ذمہ دارانہ قسم کی مستحکم سی آواز خود بخود پہنچ جائے گی۔ یہ آواز ہوگی مولوی محمد صدیق صاحب کی جو لکھنؤ کے مشہور دارالاشاعت صدیق بک ڈپو کے مالک ہیں۔ وہ اپنی درۂ خیبر نما دوکان میں کچھ بدوی انداز سے بیٹھے ہوئے اپنے کسی گاہک کو سمجھا رہے ہوں گے کہ "میاں راہِ نجات کیا کرو گے خرید کر۔ راہِ نجات تو اپنے دل کو ڈھونڈھنے دو اور اگر راہِ فرار اختیار کرنا نہیں چاہتے تو کچھ کام کی کتابیں خریدو۔" گاہک اُن کا منہ دیکھ رہا ہوگا۔ اور وہ اُس کا منہ دیکھے بغیر مسلسل تقریر فرما رہے ہوں گے۔ نئے رجحانات اور نئے تقاضوں کے موضوع پر۔

صدیق صاحب کو پہلی مرتبہ دیکھنے والے مجذوب سمجھتے ہیں۔ مگر اُن پر ایک آدھ گہری نظر ڈالنے کے بعد یہ حقیقت روشن ہو جاتی ہے کہ اِس بلند ہمت شخصیت میں خلوص۔ نیک نیتی۔ محبت۔ مروت۔ فیاضی اور اسی قسم کی تمام صفات غیر منظم طریقہ

پر بکھری پڑی ہیں یعنی وہ اپنے بکڈپو کی فہرست مرتب کرنے کا تو بہت اچھا سلیقہ رکھتے ہیں مگر خود اپنی خصوصیات کی کوئی فہرست تیار نہیں کی ہے۔ بیساختگی میں بڑے سے بڑا نیک کام کر جائیں گے لیکن ارادتاً تصنع تک ناممکن ہے۔ ان پر دراصل مختلف کیفیات گزرتی ہیں کبھی لکھ لٹا دینگے اور کوئلوں پر مہر ہوگی کبھی کوئلے لٹائیں گے اور لکھ پر مہر کبھی لکھ اور کوئلے دونوں کو محفوظ کر کے صرف مہر لٹا دینگے۔

بہر حال میں نے ان میں دنیاداری بہت کم اور سچائی بہت زیادہ پائی اگر وہ دیانت دار نہ ہوتے تو شاید اور ترقی کرتے۔ پھر بھی لکھنؤ میں جو سلیقہ ان کو کتابیں شائع کرنے کا ہے کسی اور کو نہیں، اگر پنجاب میں ہوتے تو ہندوستان کے بہت بڑے پبلشر بن جاتے۔ مگر وہ یو۔پی میں ہیں جہاں کتب بینی کو ایک قسم کی عیاشی کا درجہ حاصل ہے۔

صفدر مرزا پوری

صفدر مرزا پوری مرحوم کا اختلاط اور ہمارا شباب ساتھ ساتھ شروع ہوا۔ ہم ناسمجھی سے ہوش کی طرف آرہے تھے اور وہ ہوش سے بدحواسی کی طرف جارہے تھے۔ ایک ہاتھ اور ایک پیر سے تقریباً معذور ہو چکے تھے۔ سٹھیائی ہوئی باتیں کرتے تھے اور مشاعروں میں اِس طرح پڑھتے تھے کہ ہم نے کبھی انکے کسی شعر کے مصرعہ ثانی کا قافیہ اور ردیف نہیں سنا۔ شعر کے آخر تک پہونچتے پہونچتے دونوں ہاتھ پھیلا کر داد مانگنے لگتے تھے۔ لوگ ہنستے تھے اور اسی ہنسی میں شعر کی خوبی بھی گم ہو جاتی تھی۔

صفدر مرزا پوری نے اردو کی بڑی خدمت کی۔ ان کی اکثر تصانیف مشہور ہیں مگر جر دور ہم نے دیکھا اس وقت وہ ایک لطیفہ بن کر رہ گئے تھے۔ لوگ انکو پریشان کرتے تھے اور وہ اسی میں خوش تھے۔ کھانا ان کی کمزوری تھا۔ لوگ اُن کو کھلاتے تھے۔ بے حد بے حساب کھلاتے تھے اور وہ کھائے جاتے تھے۔ یہانتک کہ ایک مرتبہ تو وصل بلگرامی مرحوم نے ان کو اس حد تک دن بھر کھلایا کہ شام ہوتے ہوتے کالرہ میں مبتلا ہو گئے۔ اور اس ایک دن کے کھانے کے بدلے ایک ہفتہ

تک مسلسل فاقہ کرنا پڑا۔ عمر کے آخری حصہ میں ناداری نے غریب کو بیحد پریشان کیا۔ اور یہ بھولا بھالا انسان یہی تکلیفیں جھیلتا ہوا دنیا سے رخصت ہو گیا۔

صفدر مرزاپوری اچھے غزل گو اور قادرالکلام شاعر تھے۔ ان کا پچھلا کلام بہت اچھا تھا۔ مگر بعد میں جب ان کو شعر گوئی ترک کر دینا چاہیے تھی۔ اس وقت بھی وہ شعر کہتے رہے۔ چنانچہ آخری دور کے اشعار ان کی مشق کے زمانہ کا کلام معلوم ہوتے ہیں ؏

صفی لکھنوی

"لسان القوم" مولانا سید علی نقی صفی لکھنوی۔

لکھنؤ کے سب سے بڑے اور ہندوستان کے بہت بڑے شاعروں میں سے ایک ہیں۔ بڑائی کے لئے صرف یہی کہدینا کافی ہے کہ عزیز لکھنوی مرحوم ایسے مستند استاد کے آپ استاد ہیں اور خود تلمیذ الرحمٰن۔

صفی صاحب کے استادانہ کلام میں صرف "داؤں پیچ" نہیں ہوتے بلکہ لطافت شگفتگی اور زندگی بھی ہوتی ہے۔ وہ بڑے سے بڑے ٹھوس مسئلہ کو نہایت حسن کے ساتھ اپنے شعر میں پیش کر دیتے ہیں۔ تاکہ سننے والا اس بوجھ سے دب کر نہ رہ جائے بلکہ جھوم کر یہ بوجھ اٹھالے۔

صفی صاحب سے مجھے ذاتی طور پر چند شکائتیں ہیں۔ اِس لئے کہ میں انکی عزت کرتا ہوں اور چونکہ والد صاحب سے ان کے مراسم تھے۔ لہٰذا مُجھ کے مارے منہ در منہ تو نہیں کہتا۔ البتہ چپکے سے یہاں لکھے دیتا ہوں۔ مجھے ایک شکایت تو یہ ہے کہ وہ مشاعروں میں کیوں جاتے ہیں۔ انکے مرتبہ کے شاعر کو مشاعروں سے بالاتر ہونا چاہئے۔ دوسری شکایت یہ ہے کہ وہ تمغے لگا کر تصویر کیوں کھنچواتے ہیں

یہ بات بھی ان کی بزرگی اور بلندی کے شایانِ شان نہیں۔ تیسری شکایت یہ ہے کہ وہ اپنی صحت کا کوئی خاص خیال نہیں رکھتے۔ ایک مرتبہ میں نے اُن کو خود اُن ہی کے یہاں عرقی باندھے بیٹھے ہوئے دیکھا۔ آنکھوں پر عینک تھی اور جسم پر صرف عرقی ـــــــ دُور سے معلوم ہوا کہ مہاتما گاندھی صفی صاحب کے یہاں بیٹھے ہیں۔ نزدیک جا کر پتہ چلا کہ خود صفی صاحب ہیں۔

چوتھی شکایت خود صفی صاحب سے نہیں بلکہ اُنکے معتقدین سے ہے کہ وہ مولانا صفی کو اقبال سے ٹکرانے کی کوشش کیا کرتے ہیں۔ دو بڑے آدمی بغیر ٹکراتے ہوئے بھی اپنی اپنی جگہ پر بڑے آدمی رہ سکتے ہیں صفی اپنی جگہ مستحکم ہیں اور اقبال اپنی جگہ اقبال۔

میں جو اشعار کبھی کبھی تنہائی میں گنگنایا کرتا ہوں۔ ان میں مولانا صفی کا یہ شعر بھی ہے ؎

غزل اُس نے چھیڑی مجھے ساز دینا
ذرا عمرِ رفتہ کو آواز دینا

ظریف لکھنوی

سید مقبول حسین ظریفؔ لکھنوی۔

مولانا صفیؔ لکھنوی کے چھوٹے بھائی اور ہمارے ایک قسم کے چچا۔ مزاحیہ شاعری میں آپ کا مرتبہ بہت بلند ہے۔ اتنا بلند کہ بہت سے لوگ آپ کو حضرت اکبر الٰہ آبادی کے قریب لیجا کر دیکھتے ہیں۔ یہ وہی صفیؔ اور اقبالؔ والی بات ہے۔ ظریف اور اکبر کے رنگ میں زمین اور آسمان کا فرق ہے۔ زمین اپنی جگہ نہایت ضروری اور آسمان اپنی جگہ نہایت اہم۔ ظریف اپنے رنگ کے منفرد شاعر اور اکبر خود اپنی نظیر۔ سمجھ میں نہیں آتا کہ انیس اور دبیر کا موازنہ کرنے کے بعد سے یہ موازنہ کا مرض آخر اس قدر کیوں پھیل گیا ہے۔

ظریف صاحب کے کلام میں قہقہے اور تازیانے کچھ اس طرح ملے جلے نظر آتے ہیں کہ آدمی ہنس ہنس کر تازیانے کھاتا اور تازیانے کھا کھا کر ہنستا ہے وہ صرف ظریف ہی نہیں بلکہ نہایت قادر الکلام شاعر تھے۔ اپنے مطلب کی بات کہنے کیلئے شعر کو مجبور کر دیا کرتے تھے۔ یہ نہیں کہ شعر کی وجہ سے خود مجبور ہو جائیں مزاح نہایت لطیف اشاروں سے بھی کرتے تھے اور اکثر کرتبوں سے بھی لطیف اشارہ والا مزاح

تو یہ تھا ؎

سر پہ دستارِ فضیلت پاؤں میں ڈاسن کا بوٹ   بلبلاتا آ رہا ہے اشترِ بغدادِ قوم

اور کرنب والا مزاح یہ تھا ؎

وحشت میں ہر اک نقشہ الٹا نظر آتا ہے   مجنوں نظر آتی ہے لیلیٰ نظر آتا ہے

ظریف صاحب کی ظرافت میں آمد کا عنصر غالب تھا اور بہت ہی کم آورد سے کام لیتے تھے ورنہ ان کے کلام پر ہنسنے کے بجائے رونے کو دل چاہتا۔

یوں روزمرّہ کی زندگی بہت سنجیدہ۔ افکار اور امراض میں مبتلا نظر آتے تھے مزاح نگاروں کی قسمت میں ذاتی طور پر رونا اور صفاتی طور ہنسنا لکھا ہی ہوا ہے ظریف صاحب بھی قسمت کے اسی دائرہ میں ہمیشہ محبوس رہے +

——— ✕ ———

ظفر الملک علوی

مولانا اسحاق علی ظفر الملک علوی۔ ایڈیٹر ماہنامہ الناظر لکھنؤ

مولانا ظفر الملک علوی کو میں نے اپنے بچپن میں بحیثیت صاحب بہادر کے دیکھا تھا۔ سوٹ۔ بوٹ۔ ہیٹ وغیرہ ہیں۔ دیکھتے ہی دیکھتے وہ کھدر بھنڈار بن گئے۔ ادبی سرگرمیوں نے سیاسی سرگرمیوں کی شکل اختیار کر لی۔ آزادی کے بجائے جیل کا شوق ہوا۔ کاروبار کو سیاسی خدمات پر تج دیا۔ اور اب نہ رسالہ الناظر ہے نہ کچھ۔ البتہ برائے نام الناظر بکڈپو باقی ہے۔

مولانا ظفر الملک ایک آہنی قسم کے ایماندار اور ضدی سیاسی رہنما ہیں ان کی رائے اگر سب مان لیں تو خیر۔ ورنہ ساری دنیا ایک طرف اور وہ خود مولانا حسرت موہانی کی طرح ایک طرف نظر آتے ہیں اور سب سے لڑتے ہیں اُن کی لیڈری نام و نمود کے لئے نہیں ہے۔ بلکہ اِس میں مذہبی رنگ بھی ہے مذہبی رنگ کی لیڈری میں ایمانداری ضرور شامل رہتی ہے۔

مولانا محمد علی مرحوم کو آپ پر بڑا اعتماد تھا۔ مہاتما گاندھی بھی آپکو ایک

راست باز قوم پرست سمجھتے ہیں اور جانتے ہیں کہ اِس شخص کو دنیا کی کوئی لالچ لچکا نہیں سکتی۔ مولانا میں لچک تو ہے ہی نہیں۔ بڑے بڑے پہاڑوں سے ٹکرا جائیں گے اور اپنے فیصلہ پر اٹل رہیں گے۔

مجھے وہ اب تک بچہ سمجھتے ہیں۔ شوکت نہیں بلکہ پیار سے محمد عمر کہتے ہیں۔ بیوقوف بھی سمجھتے ہیں اور میں خوش ہوں کہ مجھ سے کوئی کام کی بات نہیں کرتے ورنہ خدا جانے کیا کام سپرد کر دیں۔

عبدالحق

مولانا انجمن ترقیٔ اردو ڈاکٹر عبدالحق۔

بارہا دیکھا اور ایک مرتبہ لکھنؤ کے سنٹرل ہوٹل میں ملے بھی ہیں۔ مولانا آزاد سبحانی اور مولانا عبدالحق دونوں ایک ہی کمرے میں لمبے لمبے لیٹے تھے۔ وہ ان کو اور یہ ان کو چھیڑ رہے تھے۔ ہم لوگوں کے پہونچنے کے بعد بھی یہ مشغلہ جاری رہا اور دونوں نے کوشش بھی کی کہ ہم ان کے حمایتی بن جائیں۔ مگر دو پہاڑوں کی ٹکر کا تماشہ دیکھنے ہی میں عافیت تھی۔ لہٰذا ہم غیر جانب دار رہے۔

مولانا عبدالحق سے بعد میں اکثر ادبی اجتماعوں میں سرسری ملاقات ہوتی رہی۔ مگر اردو کے لئے ان کی خدمات نے ان کو ایسا محبوب بنادیا ہے۔ کہ معلوم یہ ہوتا ہے کہ وہ ہمارے خاص محبوں میں سے ایک ہیں۔ ان کی دودھ سے زیادہ سفید گھنی داڑھی آنکھوں میں رچی ہوئی ہے۔ عمر کافی ہے۔ مگر ابھی تک "کرارے" ہیں۔ ممکن ہے یہ خصوصیت "ہاپوڑ" کے ہونے کی وجہ سے ہو۔ بہرحال ہاپوڑ کی وہی چیزیں اب تک مشہور ہوئی ہیں۔ پاپڑ اور مولانا عبدالحق۔

مولانا اردو کے بہت بڑے تنقید نگار اور کتابوں کے سب سے بڑے

مقدمہ باز ہیں۔ انجمن ترقیٔ اردو نے جس قدر بھی کتابیں شائع کی ہیں۔ تقریباً سب پر مولانا کا مقدمہ موجود ہے۔ خواہ وہ کسی موضوع پر ہوں۔ بہرحال اردو داں طبقہ سے مولانا کا تعارف کرانا ایسا ہی ہے جیسے کوئی دن کے وقت کسی آنکھ والے کو یہ بتائے کہ آفتاب گرم ہونے کے علاوہ چمکتا بھی ہے۔

عبدالحلیم شرر

مجھے اس بات پر ناز ہے کہ میں نے مولانا عبدالحلیم شرر کو دیکھا ہے۔ انکے پاس گیا ہوں۔ اُن سے شرفِ نیاز حاصل کیا ہے اور انکے انتہائی مصروف وقت پر جب جی چاہا بے تکلف چھاپہ مارا ہے اور میں اُن خوش نصیبوں میں ہوں کہ مولانا کو میری حاضری سے کبھی تضیع اوقات کی تکلیف نہیں پہونچی۔ بلکہ ایک مرتبہ تو آپ نے یہاں تک فرمایا کہ "بھائی یا تو پابندی سے آنا چھوڑ دو یا ناغہ کرنے کی عادت ترک کرو ورنہ انتظار رہتا ہے۔"

مولانا ناول نگار کی حیثیت سے مشہور ہوئے حالانکہ وہ ایک ہمہ دان ادیب تھے علم کا ایک ایسا سمندر جسکی تہ کا کوئی پتہ نہ چلتا تھا۔ تاریخ کے بہت بڑے اسکالر اور تاریخی جزویات پر پورا عبور رکھنے والے مؤرخ۔ در اصل عبدالحلیم شرر کی ذات کا صرف ایک پرتو ادب کے سامنے آسکا یعنی ناول نگاری باقی تمام خصوصیات کو صرف وہ دیکھ سکے جو کبھی آپ سے ملے۔ بلکہ جن سے آپ نے کبھی ملنا چاہا۔

وہ میرے ساتھ بچوں کا سا سلوک کرتے تھے اور کرنا بھی چاہیئے تھا۔ وہ تو وہ اُن کے صاحبزادے صدیق صاحب بھی اگر یہی سلوک کریں تو جائز ہے مگر میرے لئے

یہی کیا کم ہے کہ میں نے ان کی تھوڑی بہت شفقتیں حاصل کیں۔ اور صرف ایک مرتبہ ان کی ایک کتاب ریل میں کھو کر تھوڑی سی خفگی برداشت کی۔ مولانا نے ایک مرتبہ غالباً مرزا محمد عسکری صاحب سے یا مولوی عبدالرحیم صاحب کلیم سے فرمایا تھا کہ اس لڑکے میں مصنف بننے کی روح نظر آتی ہے چنانچہ ان کا یہ اندیشہ بھی ایک حد تک صحیح نکلا۔ سچ یہ ہے کہ بزرگوں کی بد دعا زندگی بھر پنپنے نہیں دیتی ۞

*

عبدالرؤف عشرت

خواجہ عبدالرؤف عشرت لکھنوی۔ لکھنؤ اور لکھنویات کے مستند راوی مانے جاتے ہیں۔ مرحوم کتابوں کی ایک تنگ و تاریک دوکان میں جو چوک میں میوہ والی سرائے کے سامنے تھی۔ تمام دن بیٹھے رہتے تھے اور سہ پہر سے رات کے آٹھ نو بجے تک لکھنؤ کے ادیبوں اور شاعروں کا مجمع اسی مختصر سی دوکان کے کمزور تختوں پر رہتا تھا۔ خواجہ صاحب کو صورت دیکھ کر مشکل ہی سے ادیب کہا جا سکتا تھا۔ گفتگو سے بھی کتب فروش ہی معلوم ہوتے تھے۔ مگر لکھنؤ کے متعلق کوئی ذکر چھیڑ دیجئے۔ پھر دیکھئے۔ معلوم ہوتا تھا کہ کسی نے آگ کی بجھتی ہوئی چنگاری پر پیٹرول چھڑک دیا۔ گھنٹوں ایک سے ایک کہانی سناتے۔ دہنیا مہری سے لیکر واجد علی شاہ تک اور واجد علی شاہ سے لیکر دہنیا مہری تک کئی بار داستان کو الٹ پلٹ کر بیان کر جاتے۔

آپ شاعر بھی تھے۔ اکثر کلام سنایا کرتے تھے۔ مگر مشاعروں میں شاذ ہی جاتے آپ نے عروض کے متعلق بھی شاعری کی پہلی کتاب۔ دوسری کتاب تیسری کتاب قسم کی کتابیں لکھی ہیں تاکہ سارا لکھنؤ جو یوں بھی شاعر ہے اور بھی شاعر ہو کر رہ جائے۔

مرحوم نے ادب کی کافی خدمت کی کتابیں بیچ کر بھی اور کتابیں لکھ کر بھی ❖

عبدالقادر

سرعبدالقادر

کسی سرکاری یا قانونی حیثیت سے نہیں بلکہ مخزن کے ایڈیٹر اور اردو کے محسن کی حیثیت سے آپ کا ذکر مقصود ہے۔ جب میں پہلی مرتبہ لاہور آیا تو اسی حیثیت سے آپ کو دیکھنے کا شوق تھا۔ برادرِ محترم ڈاکٹر محمد عمر صاحب کے ہمراہ آپ سے ملنے گیا۔ بہت مختصر اور سرسری ملاقات ہوئی۔ یہی پہلی اور نادمِ تحریر آخری ملاقات تھی۔ مگر اتنی ہی دیر میں سرعبدالقادر نے متعدد مرتبہ نہایت صفائی سے قاف کو قاف کی حیثیت سے ادا کیا۔ کاف بنا کر نہیں۔ اور اتنی ہی دیر میں اندازہ کر ادیا کہ نام بڑے اور درشن تھوڑے والا معاملہ نہیں ہے۔ بلکہ نام اور درشن دونوں بڑے ہیں۔ اب میں پنجاب میں ہوں اگر ادبی مجلسوں اور مشاعروں میں شرکت شروع کر دی تو سرعبدالقادر کہیں نہ کہیں صدارت کرتے ہوئے پھر نظر آجائیں گے۔ بہرحال مخزن کے پرانے فائل اگر کبھی مل جاتے ہیں۔ تو میں عبدالقادر سے گھر بیٹھے ہی نہایت محبت سے مل لیا کرتا ہوں۔

عبدالماجد دریابادی

مولانا عبدالماجد دریابادی مدیر صدق و سچ۔

اِس وقت بالکل یاد نہیں آرہا ہے کہ مولانا عبدالماجد سے میں سب سے پہلے کب ملا تھا۔ صرف اتنا یاد ہے کہ جب آپ رسالہ نگار اور مولانا نیاز فتحپوری کیخلاف معرکہ آرا تھے۔ اِس وقت بڑی بڑی گرم گرم متعدد ملاقاتیں ہوئی تھیں۔ اس کے بعد تفصیلی ملاقاتیں اس وقت ہوئیں جب میں روزنامہ حق کے عملہ ادارت میں تھا مولانا کا اخبار سچ بھی وہیں سے شائع ہوتا تھا اور مولانا اکثر تشریف لاتے رہتے تھے۔ آپ ہی کے مشورے سے عبدالرؤف صاحب عباسی نے رسالہ کائنات میری ادارت میں نکالنا شروع کیا تھا۔

پھر ملاقاتوں کا یہ سلسلہ رہا کہ میں لکھنؤ ریڈیو میں تھا۔ اور مولانا وہاں سے تقریریں نشر فرمانے تشریف لاتے رہتے تھے۔

مولانا بہت ہی بلند پایہ طنز نگار بھی ہیں۔ ہر چند کہ فلسفہ آپ کا خاص موضوع ہے مگر فلسفی جب شوخی پر اتر آئے تو وہ نہایت خطرناک طنز نگار بن جاتا ہے۔ ان کی مقفع رنگین عبارت میں اس بلا کا طنز ہوتا ہے کہ رونے یا ہنسنے کا

فیصلہ کرنا دشوار ہو جاتا ہے۔

مولانا کی زندگی بھی عجیب معمہ ہے۔ دیکھئے تو زاہد خشک۔ پڑھئے تو ایک سرشار ادیب، مفہوم ٹھوس۔ عبارت رنگین۔ الفاظ سنجیدہ۔ بند شیں ہنستی کھیلتی ہوئی۔ لکھتے ہیں نثر اور کرتے ہیں نثر میں شاعری لکھیں گے بڑی سے بڑی بات اور خط ہوگا وہ جس سے چاول پر قل ہو اللہ لکھی جاتی ہے۔ خود عینک لگاتے اور اپنی تحریر سے دوسروں کی آنکھیں پھوڑتے ہیں۔ مولانا محمد علی۔ اکبر الہ آبادی۔ مرزا رسوا اور اقبال سے بے حد متاثر ہیں اور خود خدا جانے کتنوں کو متاثر کر چکے ہیں۔ ان میں سے ایک یہ راقم بھی ہے ۞

عزیز لکھنوی

مرزا محمد ہادی عزیز لکھنوی مرحوم

سب سے پہلے عزیز لکھنوی مرحوم کو میں نے اس وقت دیکھا تھا جب علی برادران اپنی پہلی نظر بندی سے رہا ہو کر لکھنؤ آئے تھے۔ انکا جلوس نکلا تھا جس میں مسلمان مہاتما گاندھی کی جے کے نعرے بلند کر رہے تھے اور ہند و اللہ اکبر کے نعرے۔ اسی سلسلہ میں شام کو رفاہ عام کلب میں جلسہ تھا۔ مولانا عزیز لکھنوی نے ایک نظم پڑھی تھی جس کا ایک مصرعہ اب تک یاد ہے۔ ع

یوسف کی قید سلطنتِ مصر بن گئی

عزیز نہایت خوش الحانی سے نظم پڑھ رہے تھے۔ اور دس بارہ ہزار آدمیوں کے مجمع میں خاموش لہریں پیدا ہو رہی تھیں۔

اس کے بعد لکھنؤ کے مشاعروں میں شرکت شروع کی تو عزیز لکھنوی سے تفصیلی ملاقاتیں ہوئیں۔ وہ غریب خانہ پر تشریف لاتے اور میں دولت خانہ پر حاضری دیا کرتا۔ جب میں ہمدم کے عملہ ادارت میں آیا تو عزیز صاحب اکثر سید جالب دہلوی۔ رحم علی صاحب ہاشمی اور اس خاکسار سے ملنے تشریف لایا کرتے تھے۔

عزیز صاحب کی گفتگو میں مزاح کی چاشنی ہمیشہ لطف پیدا کرتی تھی۔ ایک مرتبہ کا واقعہ مجھ کو یاد ہے کہ حضرتِ ابر قدوائی کے ایک نہایت تندرست یا فربھی کے مرض میں مبتلا۔ صاحبزادے بالکل غبارے کی طرح پھُولے تشریف لا رہے تھے عزیز صاحب نے دیکھتے ہی کہا "جانتے ہیں آپ یہ کیا ہے؟ یہ لکۂ ابر ہے۔"

عزیز کو شاگردوں کے سلسلہ میں ادب اردو کے قریبی دور کا سب سے خوش قسمت استاد کہا جائے گا۔ جوش ملیح آبادی۔ خان بہادر نواب مرزا جعفر علیخاں اثر۔ چوہدری جگت موہن لال رواں۔ چودھری رحم علی ہاشمی۔ اور حکیم سیّد علی آشفتہ ایسے مشہور شاعروں کے آپ اُستاد تھے۔ غزل عزیز کا خاص رنگ پیش نہ کر سکی۔ البتہ قصائد میں عزیز نے اپنے فن کے کمالات خوب خوب دکھائے اور نظم میں بھی خوب خوب چمکے۔ اگر حضرتِ یاس عظیم آبادی کا دل تھوڑی دیر کے لئے نظر انداز کر دیا جائے تو عزیز ہر دلعزیز بھی تھے۔

عشرت رحمانی

امتیاز احمد خاں عشرت رحمانی

عشرت رحمانی سے سب سے پہلی مرتبہ دہلی میں پروفیسر اکبر حیدری مرحوم کے یہاں ملاقات ہوئی۔ میں لکھنؤ سے اور حکیم یوسف حسن صاحب ایڈیٹر نیرنگ خیال لاہور سے دہلی گئے ہوئے تھے اور پروفیسر اکبر حیدری نے ایک تیر سے دو ہرن زخمی کئے تھے یعنی دونوں کی دعوت تھی۔ میرے ساتھ نسیم صاحب انہونوی بھی تھے نسیم صاحب انہونوی اور حکیم یوسف حسن صاحب کے درمیان پنجاب اور یو۔پی کی بحث چھڑ گئی۔ اکبر حیدری ثالث بالخیر اور شوکت اور عشرت تماشائی بنے ہوئے تھے۔ یہ جنگ کھانے کے ساتھ ختم ہوئی اور اس نتیجہ پر کہ یو۔پی اور پنجاب دونوں میں سے کوئی ختم نہ ہو سکا۔

عشرت رحمانی سے پھر لکھنؤ ریڈیو اسٹیشن پر ملاقات ہوئی جب آپ ادبی خدمات چھوڑ کر ریڈیو کی ملازمت میں شامل ہوئے اور پروگرام اسسٹنٹ بنکر لکھنؤ تشریف لائے۔ رسالہ نیرنگ کا ایڈیٹر جو پہلے سے براڈکاسٹر تھا اب ریڈیو بنگیا۔
ریڈیو میں ساتھ ساتھ ہم دونوں چار سال رہے۔ ہر وقت کا اٹھنا بیٹھنا ساتھ

کھانا پینا ساتھ۔ دلچسپیاں مشترک۔ لڑائی جھگڑے مشترک میل ملاپ مشترک نتیجہ سب کا عشق اب عشرت یاد آتے ہیں۔ وہ لڑائیاں یاد آتی ہیں۔ وہ ملاپ یاد آتے ہیں! وہ شرارتیں یاد آتی ہیں وہ دلچسپیاں یاد آتی ہیں مگر عشرت لکھنؤ میں ہیں اور شوکت لاہور میں۔

عشرت رحمانی شدت کے وارفتہ انسان ہیں۔ انکا کوئی بھی مشغلہ ہو ابتدا یا اعتدال کی حد تک تو رہ ہی نہیں سکتا اور نہ وہ خود رہ سکتے ہیں جبتک کہ اپنے اس مشغلہ کو انتہا تک نہ پہونچادیں مثلاً سگریٹ پینا ایک مشغلہ ہے۔ بڑے بڑے سگریٹ پینے والے ہم نے بھی دیکھے ہیں مگر عشرت کا منہ سگریٹ سے کبھی خالی نہیں دیکھا۔ غالباً اسی لئے نماز بھی نہیں پڑھتے۔ کہ سگریٹ کیونکر پینگے سیدھے اور اُلٹے دونوں ہاتھوں کی کلمہ کی اور بیچ والی انگلیاں دھوئیں سے زرد ہوتے ہوتے سرخ ہوئیں اور اب سیاہ ہو کر رہ گئی ہیں۔ دن بھر میں معلوم نہیں سو سگریٹ پیتے ہیں یا اس سے بھی زیادہ سگریٹوں کے سلسلہ میں آپ ریسرچ اسکالر بھی واقع ہوئے ہیں پتھر کے زمانہ سے لیکر ابتک کس کس قسم کے سگریٹ ایجاد ہوئے۔ اُن سگریٹوں کی قیمتیں کیا کیا تھیں۔ خواص کیا تھیں، مزہ کیسا ہوتا تھا۔ ان سب پر لکھنے تو دفتر کے دفتر سیاہ کر دیں۔ اور ابتک یہ حال ہے کہ نئے نئے مارکہ کی سگریٹیں بازار میں ڈھونڈھتے پھرتے ہیں اور جس دن کوئی سگریٹ دریافت کر لیتے ہیں۔ اُس دن اپنے کو واسکوڈی گاما سے کم نہیں سمجھتے۔

کام کرنے پر آئینگے تو بلائے بے درماں کی طرح کام کئے ہی چلے جائینگے ایک سال کا کام ختم ہو گیا۔ دوسرے سال کا شروع کر دیا۔ سر جھکا ہوا ہے سگریٹ منہ میں ہے

دھوئیں کی وجہ سے آنکھیں بند ہوئی جاتی ہیں اور عشرت صاحب ہیں کہ لکھ رہے ہیں۔ لکھے چلے جاتے ہیں اور تیور یہ ہیں کہ لکھے چلے جائینگے۔ باغبانی کا شوق ہوا تو کوشش یہ ہوگی کہ ڈرائنگ روم کے صوفوں میں بھی کیاریاں بنوادیں۔ طب کی طرف رجوع ہوگئے تو بوعلی سینا تک طفل دبستان نظر آنے لگے۔ سرجری۔ انجینیرنگ۔ ٹیلرنگ۔ ہر قسم کی بزنس۔ تمام علوم و فنون اور دنیا کے ہر قسم کے کام میں آپکو اپنی ٹانگ اڑانا ضروری ہے مثلاً بیمار ہیں علاج ڈاکٹر کا ہورہا ہے مگر دوا اور نسخہ میں ضروری ترمیم و تنسیخ خود فرما رہے ہیں۔ بیماری بڑھ رہی ہے مگر قابلیت برابر صرف ہورہی ہے۔ بدپرہیزی کررہے ہیں اور جو کوئی ٹوکے تو اس کے سر ہو جائینگے بحث کرینگے۔ ڈھونڈھ ڈھونڈھ کر سندیں لائیں گے اور یہ ثابت کرکے رہینگے کہ یہ بدپرہیزی ہی پرہیز ہے نتیجہ یہ کہ سمجھانے والا بیوقوف بنکر رہ گیا اور آپ من مانی کرکے رہے۔

عشرت میں ادبیت کوٹ کوٹ کر بھری ہوئی ہے۔ اختراع اور تنوع ان کی طبیعت کا خاصہ ہے اور ریڈیو میں بھی وہ پروگراموں کی ترتیب کے وقت اپنے اس خاصہ سے کام لیتے ہیں۔ انکا سلیقہ اور ان کی دیوانہ وار محنت ان کو ریڈیو میں بہت جلد ترقی کی آخری منزلوں تک پہونچائے گی بشرطیکہ وہ خودکشی کی طرف متوجہ نہ ہو گئے اور صحت کی خرابی کو تندرستی ثابت کرنیکا شوق نہ ہوا۔

عظیم بیگ چغتائی

مرزا عظیم بیگ چغتائی مرحوم

مرزا عظیم بیگ چغتائی سے خط و کتابت تو بہت رہی مگر ملاقات صرف ایکمرتبہ ہوئی جب آپ لکھنؤ تشریف لائے ہوئے تھے۔ سرپنچ کے دفتر میں خود تشریف لائے اور پھر جب تک لکھنؤ میں رہے کسی وقت ساتھ نہیں چھوڑا۔ نام تو عظیم بیگ تھا مگر اس قدر کمزور اور دُبلے پتلے تھے کہ یہ نام پھبتی معلوم ہوتا تھا۔ مرنے والے میں زندگی اس بلا کی تھی کہ موت کا گمان بھی نہ ہوتا تھا۔ بات بات میں طنز، شوخی، شرارت۔ اگر ان کی تمام باتیں لکھ لی جاتیں جو وہ گفتگو سمجھ کر کیا کرتے تھے۔ تو اُن باتوں میں بھی بہت سی کولتار، چمکی، خانم، کھرپا بہادر اور روحِ لطافت وغیرہ مل سکتی تھیں۔ لکھنؤ کی اسی ملاقات میں آپ نے فرمایا کہ شوکت تمہارے تیسرے مجموعۂ مضامین کا نام میں نے "سیلابِ تبسم" تجویز کیا ہے۔ اس کا مقدمہ میں لکھونگا۔ مجھے مضامین مرتب کر کے دیدو۔ میں نے کہا کہ بھیجدونگا۔ کہنے لگے کہ نہیں میں لیکر جاؤں گا۔ چنانچہ مضامین لیکر گئے اور مقدمہ وہ لکھ کر بھیجا کہ خود فردوسی بنگئے اور مجھ کو رستم بنادیا۔ ع

دگرنہ یلے بود در سیستان

میں نے ان کو لکھا کہ حضرت یہ جو آپ نے جودھپور میں بیٹھے بیٹھے آگ لگائی ہے اور مجھ جانِ ناتواں کو مزاح نگاری کے پہاڑوں سے ٹکرایا ہے اس سے آخر آپ کو کیا ثواب ہوگا۔ میں غریب مارا جاؤں گا اور سب ہاتھ دھو کر میرے پیچھے پڑ جائینگے جواب آیا کہ مقدمہ حرف بحرف چھپے گا بس اور کچھ میں نہیں جانتا۔ چنانچہ اس حکم کی حرف بحرف تعمیل کی گئی۔ مقدمہ چھپا۔ عرضِ حال میں میں نے لیپ پوت کی کوشش کی مگر برا ماننے والے برا مان ہی گئے۔

عظیم بیگ چغتائی نے بسترِ علالت بلکہ بسترِ مرگ سے بھی مجھ کو خط لکھے۔ مگر میں جودھپور نہ جا سکا۔ ان کی موت نے صرف ایک بڑا مزاح نگار ہی اردو سے نہیں چھینا بلکہ میری رائے میں تو ان کا مستقبل مزاح نگاری نہیں بلکہ کچھ اور ہی تھا ایک بہت بڑا مصنّف ایک بہت بڑا مزاح نگار ہی بنکر رہ گیا اور موت نے مہلت نہ دی۔ عظیم بیگ چغتائی کو اگر قسمت سے عمر ملی ہوتی تو وہ برق بلا انسان تو نہ جانے کہاں پہونچکر دم لیتا۔

علی سردار جعفری

علی سردار جعفری نئے ادب کے تقریباً پرانے ادیب ہیں۔ کالج کی زندگی نے انکو گریجویٹ پہلے بنایا یا لیڈر۔ پہلے اسکے متعلق روایات مختلف ہیں بہرحال آجکل وہ گریجویٹ کم اور لیڈر زیادہ نظر آتے ہیں بلکہ اب تو پہرے پر کالج سے زیادہ جیلخانہ برستا ہے اور کبھی کبھی جب بہت ہی بشاش ہوتے ہیں تو روس برسنے لگتا ہے۔ ترقی پسند ادب کے حامیوں میں سے ہیں۔ رسالہ نیا ادب لکھنؤ کی تثلیث میں آپ بھی شامل تھے یعنی سبطِ حسن۔ مجاز اور علی سردار جعفری۔ انہیں سے باپ کون ہے بیٹا کون اور روح القدس کون؟ یہ چونکہ ایک مذہبی سوال ہے۔ لہذا کسی ترقی پسند مصنف سے نہیں کیا جا سکتا۔ چنانچہ یہ سوال فی الحال معمہ ہے۔

علی سردار جعفری افسانہ نگار بھی ہیں اور شاعر بھی۔ آپکے افسانے پڑھے تو ہیں مگر یاد نہیں۔ کلام سنا ہے وہ ترقی پسند ہوتا ہے مگر جو لوگ ترقی پسند نہیں ہیں اُن سے بھی داد حاصل کر لیتا ہے ممکن ہے کہ یہ بات ترقی پسند طبقہ پسند نہ کرتا ہو مگر میری رائے میں جعفری صاحب کو اپنی شاعرانہ صلاحیت کو نظر بند نہ کرنا چاہیے۔ ترقی پسند ادب بھی اُس کو منع نہیں کرتا کہ ایک ترقی پسند ادیب شاعری بھی کرتا رہے۔ بہت سے ترقی پسند شاعر یہی سمجھے بیٹھے ہیں کہ وہ خواہ شاعر باقی رہیں یا نہ رہیں مگر ترقی پسند ضرور رہیں۔ شکر ہے کہ علی سردار جعفری ابتک ان لوگوں میں نہیں ہیں۔

علی عباس حسینی

علی عباس صاحب حسینی سے لکھنو میں ملاقات ہوئی۔ وہ عہدِ حاضر کے صفِ اوّل کے افسانہ نگاروں میں ہیں۔ انکو پڑھنے کا کم اور انکے افسانے پڑھنے کا کافی موقع ملا ہے۔ انکے افسانوں سے انکو جو کچھ پڑھا جا سکتا ہے اگر وہ واقعی ویسے ہی ہیں تو انکا درجہ اور بھی بلند ہونا چاہئے۔ گھریلو زندگی میں وہ افسانہ نگار کم اور افسانوں کے ہیرو زیادہ نظر آتے ہیں۔

ان سے بس اتنے ہی مراسم ہیں کہ انکے اخلاق کی تعریف کردوں۔ انکی بزلہ سنجی کی داد دیدوں۔ انکی ہنستی ہوئی آنکھوں کے سلسلہ میں واہ کہدوں۔ البتہ کبھی کبھی وہ پروفیسر بھی نظر آنے لگتے ہیں اور اس وقت عافیت اسی میں نظر آتی ہے کہ اگر آدمی اپنے کو طالبعلم بنانا نہیں چاہتا تو آنکھ بچاکر بھاگ نکلے۔ یہ نوبت اگر آگئی تو ممکن ہے کہ تعلیم کا سلسلہ طول کھینچ جائے اور طالب علم کو مکتب کا طالب علم بنکر مرغا تک بننا پڑے۔

علی عباس صاحب حسینی اگر پروفیسر نہ ہوتے صرف افسانہ نگار ہوتے تو ان سے بہت ہی بلند توقعات ہو سکتی تھیں۔ پھر بھی وہ افسانوں میں نئی نئی راہیں تو پروفیسر ہوتے ہوئے بھی نکال ہی لیتے ہیں۔

فانی بدایونی

شوکت علی خاں فانی بدایونی مرحوم
سب سے پہلے مین پوری کے ایک مشاعرے میں ملاقات ہوئی تھی۔ اس کے بعد آگرے میں۔ پھر بھوپال اور لکھنؤ میں ملے اور اب قیامت میں ملیں گے۔

فانی ممکن ہے کہ زندگی میں فانی ہوں۔ مگر مرنے کے بعد تو باقی ہیں۔ ان کی شخصیت زندہ ہے اور زندہ رہ کر جو زندگی ان کے حصہ میں رہ گئی تھی اس سے بہر حال اب زیادہ زندہ ہیں۔

فانی شاعر تو جیسے کچھ بھی تھے۔ اس کو میں کیا دُنیا جانتی ہے لیکن بحیثیت ایک انسان کے ان کی بلندی شاعری سے بھی کچھ اوپر ہی تھی۔ نہایت خوددار۔ غیور۔ اور آن بان کے آدمی۔ تکلیفوں پر تکلیفیں جھیلیں گے۔ مگر شکایت کبھی نہیں۔ انتہائی ضرورت کے وقت بھی اپنی قیمت کبھی گرا کر قبول نہیں کی۔ آخری مرتبہ جب میں اُن سے لکھنؤ میں ملا ہوں تو وہ خود مردہ اور اُن کی موت زندہ نظر آتی تھی۔ اپنے بعض دوستوں کے شاکی تھے۔ مگر نام اپنی زبان سے نہ لیتے تھے۔ میں نے چاہا کہ ریڈیو پر اپنا کلام نشر کر دیں۔ شبہ یہ ہو گیا کہ شاید میں۔ ضرورت مند سمجھ کر ایسا کہہ رہا ہوں خفا

ہو گئے اور پھر بمشکل تمام یہ غلط فہمی دور ہو سکی۔ مگر ریڈیو پر جانے کے لئے راضی نہ ہوئے۔

فانی کبھی کبھی زندگی میں بھی زندہ ہو جایا کرتے تھے۔ اور اس وقت دل بھی یہی چاہتا تھا کہ ع

وہ کہیں اور سنا کرے کوئی

ہنستے تھے۔ ہنساتے تھے۔ کھلنڈرے پن کی حد کو پونچ جایا کرتے تھے۔ مگر پھر تھوڑی دیر کے بعد یہ زندگی ختم اور اپنا تخلص بن کر رہ گئے۔ یہاں تک کہ مستقلاً اپنا تخلص بن گئے۔

فرید جعفری

سید فرید جعفری مچھلی شہری۔

الہ آباد کے مشاعرے میں ایک شعر پر یونیورسٹی کے ایک طالب علم کو غش آگیا معلوم ہوا کہ یہ مشاعرے کے سکرٹری ہیں اور نام ہے سید فرید جعفری۔ ہم نے غور کرنا شروع کر دیا کہ اس موقع پر سخن کو داد دینا چاہیے یا سخن فہمی کو آخر میں طے یہ ہوا کہ اس معاملہ کو غلط فہمی کے سپرد کر کے چپ ہو رہو۔

فرید صاحب سے یہ پہلی ملاقات تھی جو ان کے غش اور ہماری حیرت سے شروع ہوئی۔ اس کے بعد فرید صاحب کے افسانے گھر بیٹھے پڑھتے رہے بیہوش ہو جانے والے فرید کے افسانوں میں کافی کلوروفارم ہوتا تھا۔ ایک مرتبہ اطلاع ملی کہ آپ کی اہلیہ کا انتقال ہو گیا۔ میں نے تعزیتی خط بھیج دیا۔ پھر خبر آئی کہ فرید رسالہ نیرنگِ خیال لاہور کے ایڈیٹر ہیں۔ لاہور آیا تو اُن سے بھی ملا۔ نیرنگ خیال کے دفتر میں میز پر مختلف قسم کے پائپ رکھے بیٹھے تھے۔ غالباً یہ طے کر رہے ہوں گے کہ کونسا پائپ وقت اور موسم کی مناسبت سے رومان انگیز ہو سکتا ہے۔ دونوں گلے مل گئے۔ شکوے شکایتیں۔ محبتیں۔ دعوتیں اور بیچ بیچ میں حکیم یوسف حسن۔

لاہور کی اِس ملاقات کے بعد شملہ کے مشاعرے میں فرید صاحب نے پکڑ لیا کہ اگر تم کہیں اور ٹھہرو گے تو مفت میں فوجداری ہوگی۔ لہٰذا آپ ہی کے یہاں قیام کیا۔ ایک ہفتہ بڑے لُطف میں گزرا۔ شملہ سے واپسی پر کچھ دنوں کے بعد اطلاع ملی کہ فرید لندن گئے۔ لیجئے قصّہ ختم۔ اچھا خاصہ آدمی تھا۔ لندن بھیج دیا گیا۔

کچھ دنوں کے بعد اطلاع موصول ہوئی کہ فرید لندن سے آگئے ہیں شادی کرکے میم لائے ہیں اور باقاعدہ ولایتی جرنلسٹ بن گئے ہیں۔ چنانچہ آل انڈیا ریڈیو کے انگریزی رسالہ انڈین لسنر کے اسٹاف میں شامل ہوگئے۔ اِس ولایتی شادی کی خبر پڑھکر میں نے فوراً فرید کو ایک تفصیلی خط لکھا "بنامِ او کہ دامادِ فرنگ است" فرید نے اِس خط کو رسالوں میں چھپوا دیا اور مجھے خط لکھا کہ سودیشی ریل کے بعد تمہارا مزاحیہ شاہکار یہی خط ہے۔ میں دہلی جاکر فرید سے ملا۔ حالانکہ ملنا تھا مسز فرید سے۔ مسز فرید کو دیکھا اور فرید کی خوش قسمتی پر ایسا غصہ آیا کہ میں کیا کہوں۔ دیوی قسم کی بیوی صحیح معنوں میں شریمتی جی۔ معلوم نہیں یہ ولایتی مسز فرید فرشتوں کی کس غلطی کے ماتحت ولایت کی ڈاک میں تقسیم ہوگئی تھیں۔ ورنہ دراصل خالص ہندوستانی خمیر ہے۔ وہی بہو بیٹیوں کا سا انداز۔ ولایتی جسم پر دیسی ساری باندھے ہم سب کی عزیزہ بنی ہوئی نظر آئیں اور فرید پائپ منہ میں لئے ہوئے بدستور ہکلاتے ہوئے ملے۔ فرید اگر ولایت سے جرنلسٹ ہوکر بھی نہ آتے اور صرف یہ بیوی ہی لے آتے

تو ان کا یہ سفر کامیاب سمجھا جاتا۔ مبارک ہے وہ سفر جو زندگی کے سفر کی ایسی رفیقہ مہیا کر دے ؎

خدا کی دین کا پوچھو فرید سے احوال
کہ جان دینے کو جائیں تو زندگی مل جائے

فرید اب تک ایسوسی ایٹیڈ پریس میں تھے۔ اب سنا ہے کہ خود اپنا کوئی انگریزی اخبار نکال رہے ہیں۔ وہ جو چاہے کریں ان کو ہر حال میں ان کا ساتھ دینے والی رفیقۂ حیات مل گئی ہے لہٰذا زندگی کی کسی منزل میں ناکام نہیں رہ سکتے۔ اب تو ماشاء اللہ صاحب اولاد بھی ہیں اور رڈیارڈ۔ کپلنگ کے قول کی عملی تردید کر رہے ہیں۔ کہ "مشرق مشرق ہے اور مغرب مغرب۔ یہ کبھی نہیں مل سکتے"

فراق گورکھپوری

پروفیسر رگھوپتی سہائے فراق گورکھپوری۔

الہ آباد یونیورسٹی کے پروفیسر، شاعر، نقاد، براڈکاسٹر اور نہ جانے کیا کیا ہیں مگر آدمی بہت دلچسپ ہیں۔ نہایت خطرناک قسم کے سچے۔ بےتکلیف وہ حد تک منہ پھٹ۔ ملائے بے دریا قسم کی دوستی کرنے والے اور اصول پر اڑ جائیں تو دوست سے بھی رعایت نہ کریں۔

فراق صاحب سے ملاقات تو بہت پرانی ہے جب ہمدم کے عملہ ادارت میں امتیاز احمد اشرفی مرحوم تھے اور فراق صاحب سے انکے بیحد مراسم تھے۔ مگر بےتکلفی ابھی نوعمر ہے۔ بھوپال کے مشاعروں میں صادق اور شاد کے مہمان صرف تین ہوتے ہیں انہیں سے دو فراق اور شوکت ہیں اور تیسرے نانک لکھنوی جو مہمان بننے کو اپنا ذاتی حق سمجھتے ہیں۔ فراق سے جب کبھی اس قسم کا وصل حاصل ہوا اُس وقت انکی بےتکلف باتوں کا لطف آتا ہے۔ آنکھیں نکال نکال کر۔ ہاتھ اور گردن مٹکا مٹکا کر اور زبان کو اینٹھا اینٹھا کر ہر لفظ پر ایسا زور دینگے کہ یہ سمجھنا دشوار ہو جائیگا کہ اِس میں سے کونسا لفظ اہم ہے۔ شعر کہتے بہت عمدہ ہیں اور پڑھتے بہت بُرا ہیں مگر جو انکا رنگ ہے وہ اسی قسم کے پڑھنے میں نمایاں ہو سکتا ہے۔ دماغ اور دل دونوں انکے کلام میں نظر آتے ہیں سو وہ سمجھا سمجھا کر پڑھتے ہیں۔ گاکر اپنے کلام کی اہمیت کو کم کرنا نہیں چاہتے بعد میں اگر کوئی انکے اشعار گاکر پڑھے تو اسکو خود اندازہ ہو سکتا ہے کہ یہ کلام گاکر پڑھنے والا ہے ہی نہیں بلکہ پڑھکر سمجھنے والا ہے۔

فکر

مولانا ابن الحسن فکرؔ ایم اے سے اخبار تیج دہلی کے دفتر میں ہمیشہ ملاقات ہوئی ہے اور ہمیشہ اُن کو کام میں مصروف پایا ہے مگر جب کبھی ملاقات ہوئی ہے یہ ضرور ہوا ہے کہ آپ نے اپنا کام ملتوی کر کے خلوص برتنا شروع کر دیا ہے۔ زبان ہیں شدت کی لکنت اور قلم میں بلا کی تیزی ہے ورنہ ان ہی کے دفتر میں بعض لوگ ایسے بھی ہیں جن کی زبان قینچی کی طرح چلتی ہے اور قلم ہکلاتا ہے۔

فکرؔ صاحب ایک اہلِ فکر شاعر ہیں مگر فطرت نہایت بے فکر پائی ہے۔ ورنہ وہ تو خدا جانے اور کیا کیا ہو سکتے تھے۔ ایک کہنہ مشق اخبار نویس۔ ایک مشاق ادیب اور ایک خوش گو شاعر ہونے کے علاوہ بہت دلچسپ دوست بھی ہیں۔ دفتر میں نہایت بے رنگ اور دفتر کے باہر نہایت رنگین یار باش اور ہر محفل میں سج جانے والے اِنسان۔ جرنلزم نے بہت سے زندہ لوگوں کو موت کے گھاٹ اتارا ہے اور اُن ہی میں سے ایک فکرؔ بھی ہیں ؏

قدیر لکھنوی

قدیر احمد خاں قدیر لکھنوی لکھنؤ کے چند مایۂ ناز شعرا میں سے ایک ہیں۔ خوب کہتے اور خوب پڑھتے ہیں۔ لکھنؤ کی مشہور ادبی انجمن بہار ادب کے سکریٹری اور لکھنؤ کی شاعرانہ فضا کے بغیر سیکریٹری بنے بھی بہت حد تک ذمہ دار ہیں۔ سراج اور قدیر کا نام ساتھ ساتھ اس طرح لیا جاتا ہے گویا یہ بھی کسی کارخانہ کا سائن بورڈ ہیں۔ محمد ابراہیم محمد اسحاق۔ اصغر علی محمد علی۔ بینی مادھو شمبھو ناتھ۔ قدیر لکھنوی۔ سراج لکھنوی۔ مگر ان دونوں میں واقعی اتحاد بھی چشم بد دور ایسا ہے کہ دیکھنے والوں کو یہ الگ الگ نظر ہی نہیں آتے۔

قدیر لکھنوی غزل کے بہت اچھے شاعر ہیں یوں ہر صنفِ سخن پر قدرت رکھتے ہیں مگر غزل میں پوری طرح کھلتے ہیں۔ موسیٰ اور طور کا افسانہ ان کی ہر غزل میں دہرایا جاتا ہے، مگر ہر مرتبہ ایک نئے اسلوب سے۔ قدیر صاحب کو چاہیے کہ یک در گیر محکم گیر کے اصول پر چلتے ہوئے اس موضوع کو اپنے نام سے مخصوص کر لیں۔ اگر یہ موضوع آپ کے نام رجسٹرڈ ہو گیا اور جملہ حقوق بنام قدیر لکھنوی محفوظ ہو گئے تو کلیم و سینا۔ موسیٰ و طور والے مضمون کو کوئی اور نہ باندھ سکے گا اور یہ مضمون خود

آپ سے بندھ کر رہ جائے گا۔

فدیر لکھنوی۔ دن کو ریلوے کے دفتر میں اور رات کو کسی نہ کسی مشاعرے میں اور اتوار کے دن سراج صاحب کے ساتھ۔ ہر اُس جگہ جہاں سراج کی قسمت میں جانا لکھا ہو نظر آتے ہیں۔ ریل اور شعر میں بظاہر کوئی مناسبت تو نہیں مگر پیٹ اور ذوق کے متعلق اکبر نے آخری بات کہدی ہے ۔ ؎

دل ہے ایران اور ترکی میں
پیٹ ہے مصروف کلرکی میں

کرشن چندر

کرشن چندر ایم اے مشہور افسانہ نگار جو بجلی کی طرح ادب کے مطلع پر کوندے اور ایک ہی تڑپ میں اپنی پوری تابناکی سب کو دکھادی منشی پریم چند کے بعد شاید ہی کسی کو وہ مقبولیت حاصل ہوئی ہو جو دیکھتے ہی دیکھتے کرشن چندر نے حاصل کر لی۔

بڑی دھوم تھی۔ بڑا شور سنتے تھے پہلو میں دل کا۔ مگر جب ریڈیو کے افسرانِ اعلیٰ نے آپ کا تبادلہ لکھنؤ کیا اور آپ لکھنؤ تشریف لائے اور صورت دیکھی تو کسی طرح یقین نہ آتا تھا کہ یہی وہ مشہور افسانہ نگار کرشن چندر ہو سکتا ہے۔ جس کو کم سے کم مولانا شوکت علی کے ڈیل ڈول۔ مالوی جی کے رکھ رکھاؤ اور کچھ نہیں تو نانا فرنویس کی عمر کا آدمی ہونا چاہیے تھا۔ مگر یہ تو ایک لپسنہ قد۔ خاموش خاموش سا۔ جوان العمر کالج سے تازہ وارد قسم کا آدمی معلوم ہوتا ہے۔ داڑھی مونچھ صاف۔ مگر داڑھی روز منتی ہے اور مونچھ ہفتہ وار بلکہ اگر دونوں ہفتہ وار ہو جائیں تو بھی کوئی حرج نہیں۔ شروع شروع میں کچھ اونگھا بھی کرتے تھے۔ مگر رفتہ رفتہ جاگ اٹھے پہلے ایک آدھ بات ہوئی۔ پھر ذرا گہری باتیں ہونے لگیں اور آخر میں نوبت یہاں تک

پہونچی کہ کرشن چندر ہی اِس کتاب "شیش محل" کے سب سے پہلے محرک ہوئے۔ اِس کتاب کی فہرست میں نے مرتب کی اس میں ترمیم و تنسیخ انہوں نے کی خیال یہ تھا کہ وہ ساتھ تو ہیں ہی۔ میں لکھ لکھ کر ان سے رائے لیتا رہونگا۔ مگر ہوا یہ کہ وہ لکھنؤ ہیں رہ گئے اور میں لاہور آپہونچا۔ بہر حال اِس حقیقت سے انکار نہیں کیا جا سکتا کہ اِس کتاب کے تخیّل کو سب سے پہلے کرشن چندر ہی نے سراہا تھا۔ اور تخیّل کو واقعہ بنانے پر بھی بے حد مصر ہوئے تھے۔

کرشن چندر کی ادبی خصوصیات کسی تعارف سے بہت بلند و بالا ہیں۔ البتہ بحیثیت ایک انسان کے وہ عجیب و غریب خصوصیات کا مجموعہ ہیں۔ بچوں کی طرح معصوم فرشتوں کی طرح شریف اور شریفوں کی طرح ہر وقت نادار۔ ریڈیو کی ملازمت اُس ہندوستان کے طفیل ہے جو اپنے بڑے سے بڑے ادیب کو بھی فارغ البالی نہیں دے سکتا۔

کرشن چندر کی شخصیت بعض حیثیتوں سے معمہ بھی ہے۔ مثلاً بہت کم لوگوں کو معلوم ہے کہ وہ شادی شدہ ہیں یا نہیں۔ وہ ترقی پسند ادیب ہیں یا محض ادیب۔ یا محض ترقی۔ یا محض پسند میرے خیال ہیں وہ جیسے بھی ادیب ہوں مگر پسندیدہ ادیب ہیں اور اگر ریڈیو کی ملازمت کے باوصف انکا یہ مشغلہ جاری رہا تو وہ ہندوستان کے سب سے بڑے افسانہ نگار مانے جانے کی اپنے میں پوری صلاحیت رکھتے ہیں۔ حالانکہ اس صلاحیت کو بھی وہ ایک لطیفہ سے زیادہ اہمیت

نہیں دیتے۔

کرشن چندر کی سب سے بڑی خوبی اُن کی انسانیت ہے۔ وہ اپنے کو سب سے چھوٹا سمجھ لینے کے لئے تیار ہو سکتے ہیں۔ مگر اپنے کو کسی سے بڑا سمجھنے کا خیال اُن کو بہت ہی مشکل سے بلکہ شاید پیدا ہی نہیں ہو سکتا۔ وہ اپنے ماتحتوں کے ایک کھلنڈرے دوست ہیں۔ اپنے افسروں کے ایک غیر مطمئن ماتحت اور اپنے برابر والوں کے کبھی بزرگ اور کبھی خورد۔ کبھی خود بخود قبلہ و کعبہ اور کبھی عزیزم سلمۂ کرشن بہت سی کتابوں کے مصنف ہو چکے ہیں اور بہت سی کتابوں کا مصنف انکو بننا ہے لیکن اُن کے تیور بتاتے ہیں کہ وہ اپنے مستقبل کے قطعاً منتظر نہیں ہیں۔ اس لئے کہ اُن کا حال بغیر کسی انتظار کے خود ہی آیا ہے اور اسی طرح مستقبل بھی حال بنجائے گا۔

کرشن چندر بہت ہی اچھے طنز نگار بھی ہیں جس کے نمونے ان کی کتاب "ہوائی قلعے" میں نظر آتے ہیں۔ مگر جو انفرادیت ان کو افسانہ نگاری میں حاصل ہے۔ اس کو چھوڑ کر طنز نگاری کا مشورہ ان کو دینا دوستی نہیں ہے۔

کلیم

مولوی عبدالرحیم صاحب کلیم مرحوم، میرے فارسی کے سب سے پہلے استاد اور والد صاحب مرحوم کے نہایت عزیز دوست یا عزیز دشمن بسیہ فام رنگ چہرے پر ایک بال بھی نہیں، بلتی ہوئی گردن عجیب و غریب ناک نقشہ، والد صاحب انکو زنجبار کا پرنس کہا کرتے تھے اور کبھی کبھی بن مانس، سرکس کا لنگور، اور نہ جانے کیا کیا کہتے تھے۔ بہرحال وہ دوست تھے محبت میں جو چاہتے تھے کہہ لیتے تھے اور ہمارے استاد پر ہر پھبتی چپک کر رہ جاتی تھی وہ تھے ہی بڑے پھبتی زیب ہیں اُن کے گھر پر فارسی پڑھنے جایا کرتا تھا۔ نہایت بھیانک کالے کالے جسم پر صرف عرقی باندھ کر کھری چارپائی پر بیٹھے پڑھایا کرتے تھے۔ وہ ڈانٹیں یا نہ ڈانٹیں مگر خوف ہر وقت طاری رہتا تھا۔ شروع شروع میں تو خواب میں نظر آتے رہے مگر بعد میں کچھ عادت سی پڑ گئی تھی۔ جس طرح الہ دین اپنے چراغ والے موکلوں کا بعد میں عادی ہو گیا تھا۔

مولانا فارسی کے متبحر عالم تھے۔ فارسی میں شعر بھی کہتے تھے اور اردو میں بھی طبع آزمائی فرماتے تھے آپ کا ایک دیوان بھی ہے جو سنا ہے کہ والد صاحب اور

محمد علی مرحوم (مالک کارخانہ اصغر علی محمد علی)، نے ملکہ چوک میں ایک ادرک والے سے ٹکے سیر بکوایا تھا اور وہ یہ آواز دیتا جاتا تھا کہ "ٹکے سیر ٹکے سیر، چاہے ادرک لو چاہے دیوان کلیم ٹکے سیر ٹکے سیر" یہ نتیجہ تھا اس بات کا کہ مولانا نے دو تین سو نسخے یکمشت خریدنے پر ان لوگوں کو مجبور کر دیا تھا۔ چنانچہ نسخے تو خرید لیے گئے مگر ان کا مصرف یہ سمجھ میں آیا کہ مولانا کو یوں چڑھایا جائے۔ چنانچہ مولانا سے حسبِ دستور جنگ ہوئی جس کا نتیجہ ہمیشہ صلح ہوتا تھا۔

بہرحال یہ تو ایک طویل داستان ہے کہ مولانا کیونکر زینتِ محفل بنے رہتے تھے۔ اُن غریب کے ساتھ ایسے ایسے مذاق ہوا کرتے تھے کہ اب اگر کوئی دوست اپنے کسی دوست سے ایسا مذاق کرے تو مقدمہ بازیاں اور فوجداریاں ہو جائیں۔ مگر مولانا طبعزاد گالیوں کی حد تک غصہ فرماتے اور محض بھبکیاں دیکر رہ جایا کرتے تھے۔

مولانا نے فارسی تو خیر تھوڑی بہت پڑھا دی۔ مگر اپنی صورت دکھا دکھا کر بزدل اس قدر بنا دیا ہے کہ اب تک میں ڈراؤنے خواب دیکھ دیکھ کر اچھلا کرتے ہیں۔

ل۔ احمد

لطیف الدین احمد صاحب افسانہ نگار ہیں یا خود ایک افسانہ اس کا فیصلہ کم سے کم میں نے اب تک نہیں کیا ہے۔ بچپن سے نگارمیں انکے افسانے پڑھتا رہا ہوں۔ ان کے افسانوں کا مجموعہ انشائے لطیف بھی پڑھ چکا ہوں۔ طامس مور کی کتاب لالہ رُخ کا ترجمہ آپ نے فرمایا ہے۔ اس کو پڑھنا گیا معنی لکھنو ریڈیو اسٹیشن پر ڈرامہ کی صورت میں پیش ہوتے وقت اس کا خود ایک کردار بنکر ادا بھی کر چکا ہوں لطیف الدین احمد صاحب کو میں نے پہلی مرتبہ لکھنو ریڈیو اسٹیشن پر دیکھا جبکہ آپ اپنے دوست ملک حبیب احمد صاحب کے صاحبزادے ملک حسیب احمد صاحب کے پاس تشریف لایا کرتے تھے۔ اُن سے بزرگ بنکر ملتے تھے۔ لہذا ہم سب بھی اُن کو چچا سمجھکر خورد بنجایا کرتے تھے۔ حالانکہ لطیف صاحب کی بزرگی بھی بڑی لطیف قسم کی بزرگی ہوا کرتی تھی۔ مگر آخر سعادتمندی بھی کوئی چیز ہے خود ہم نے بے تکلف ہونا مناسب نہ سمجھا اور یہی وجہ ہے کہ ہندوستان کا یہ بہت بڑا افسانہ نگار خود ہمارے لئے ایک افسانہ بنا رہا جس کو مسلسل پڑھنے کی کوشش کرتے رہے۔ مگر خاک بھی نہ پڑھ سکے۔

لطیف صاحب باقاعدہ شاعر نہیں ہیں مگر گیت کہتے ہیں۔ موزونیت

اچھی خاصی ہے اگر تاجر نہ ہوتے تو کھلم کھلا شاعر ہو جاتے۔ مگر کسی مصلحت کی بنا پر ہے

ہیں ولی پوشیدہ اور تاجر کھُلے

یعنی اندر سے شاعر ہیں اور باہر سے تاجر۔ خدا کی شان نظر آتی ہے کہ ایسے ادبی ذوق رکھنے والے کو جسے فطرتاً نہایت غیر ذمہ دار انسان ہونا چاہیے تھا قدرت نے معلوم نہیں کس طرح تاجر بنا دیا ہے۔ خدا کی باتیں خدا ہی جانے۔

مجاز

اسرار الحق مجازؔ

ردولی کے ایک مشاعرے میں ایک سینک سلائی دہان پان سوکھے سہمے شاعر سے ملاقات ہوئی تخلص تھا مجاز اور حقیقت یہ ہے کہ خوب کہتے تھے۔

بہت دنوں کے بعد آل انڈیا ریڈیو دہلی سے پہلی ہی تقریر نشر کرنے گئے تھے کہ دیکھتے کیا ہیں کہ مجازؔ صاحب وہاں موجود ہیں معلوم ہوا کہ آپ ریڈیو کے رسالہ آواز کے ایڈیٹر ہیں۔ مل کر بہت خوش ہوئے اور دہلی میں اس طرح ساتھ ساتھ رہے کہ اُن کے شاعر یا ایڈیٹر آواز ہونے سے زیادہ ان کے ایک دلچسپ اور اپنی ہی قسم کے ایک آدمی ہونے کا پتہ چلا اور دونوں طرف سے محبت کا اعلان ہوگیا۔ پھر کیا تھا۔ پھر تو ہر مرتبہ دہلی آکر مجازؔ صاحب کے ساتھ ہی رہتے۔ ان کے گھر علیگڈھ بھی انکے ساتھ گئے اور دیکھتے ہی دیکھتے مراسم سنگین حد تک بڑھ گئے۔

لکھنؤ میں بزرگ محترم خان بہادر سید عین الدین صاحب کے یہاں ایک صاحب سے پہلے ہی ملاقات ہو چکی تھی۔ جن کا اسم گرامی ہے خانصاحب مولوی سراج الحق مگر یہ پتہ نہ تھا کہ یہی مجازؔ صاحب کے والد ہیں اتفاق سے ایک دن مولوی صاحب سے

مجاز کا ذکر یوں ہی چھڑ گیا۔ میں نے مجاز کی بہت سی تعریفیں اور ایک آدھ برائی کر دی وہ چپ ہو رہے۔ مگر بعد میں مجاز نے سخت شکایت کی کہ اول تو باپ اور بیٹے سے یکساں قسم کی دوستی رکھنا ہی آپ کی کم ظرفی ہے۔ اس پر طرہ یہ کہ میری شکایت کر دی والد صاحب سے۔ اس قسم کی خطرناک شرارت کے کھل جانے کے بعد آدمی بے حیائی کی کھوکھلی ہنسی ہنسا کرتا ہے وہی ہنسی ہم بھی ہنسکر رہ گئے مگر اس دن سے اب تک مجاز کی سمجھ میں یہ بات نہیں آئی ہے کہ اس شوکت کو اپنا دوست سمجھے یا اپنے والد کا دوست۔

مجاز پھر مستقلاً لکھنؤ میں رہنے لگے اور اُن سے تقریباً روز ملاقات ہونے لگی۔ مجاز نے بحیثیت ایک شاعر کے اپنے لئے زبردست جگہ حاصل کی۔ وہ ترقی پسند شاعروں میں سب سے آگے نہیں تو کسی سے پیچھے بھی نہیں ہیں۔ صحت کا اب تک وہی حال ہے۔ گم گشتگی بڑھتی جاتی ہے۔ مگر آرٹ ترقی کر رہا ہے اور ترقی کرتا رہے گا۔ اگر مجاز سوکھتے سوکھتے بالکل سوکھ کر نہ رہ گئے تو ان کو بہت بڑا شاعر بننا ہے۔

میں نے بہر حال طے کر لیا ہے کہ انکے والد سے اب انکے متعلق کچھ نہ کہونگا اس لئے کہ باپ بیٹے کے تعلقات تو خیر پھر استوار ہو سکتے ہیں۔ مگر مجاز مجھ سے چوکنا رہتے رہتے کہیں کترانے نہ لگیں۔

مجذوب

خان بہادر خواجہ عزیز الحسن غوری

نہ خان بہادر نظر آتے ہیں نہ گریجویٹ۔ نہ انسپکٹر آف اسکولز کوئی کہہ سکتا ہے نہ شاعر۔ صورت دیکھئے تو معلوم ہوتا ہے کہ مسجد سے اذان دیکر تشریف لا رہے ہیں بڑی سی داڑھی۔ چوگوشیہ ٹوپی۔ لمبا سا کرتہ اونچا سا پائجامہ۔ تسبیح کرتے کی جیب میں اور ہاتھ تسبیح کے اوپر۔

خواجہ صاحب ڈپٹی کلکٹر تھے۔ سود کی ڈگری دینے کے بجائے محکمہ تعلیمات میں منتقل ہو جانا پسند کیا اور اب تک اسی محکمہ میں ہیں۔ حضرت مولانا اشرف علی صاحب تھانوی مدظلہٗ سے عشق کی حد تک عقیدت رکھتے ہیں۔ اور حضرت مولانا مدظلہٗ کی توجہ نے ڈپٹی کلکٹر کو آدمی ہی نہیں بلکہ مسلمان بنا دیا ہے۔

شعر خوب کہتے اور نہایت کیف کے ساتھ پڑھتے ہیں۔ شعر پڑھتے ہوئے اُن کو کچھ پتہ نہیں چلتا کہ کہاں ہیں۔ صرف زبان سے نہیں سارے جسم سے شعر پڑھتے ہیں۔ نہ داد لینے کا ہوش ہوتا ہے۔ نہ داد کی رسید دینے کا۔ خود ہی جس شعر کو جی چاہتا ہے پچاس دفعہ پڑھ جاتے ہیں اور جس شعر کو جی چاہتا ہے۔ ایک ہی

مرتبہ پڑھ کر رہ جاتے ہیں۔

راستہ میں کلام سنانا شروع کر دیں تو یہی کیفیت طاری ہو جائے۔ موٹر چلاتے چلاتے غزل جو سنانا شروع کی تو موٹر قلابازی کھا گیا۔ سب کو تھوڑی بہت چوٹ آئی اور خواجہ صاحب نے یہ سنکر فرمایا کہ لاحول ولاقوۃ حضرت مولانا اِسی دن کے لئے شعر خوانی سے منع فرماتے تھے۔

خواجہ صاحب بہت ہی عمدہ کہتے ہیں۔ مگر کسی غزل میں ڈھائی سو اشعار سے کم نہیں کہتے اور پھر انتخاب نہیں کر سکتے۔ کہتے چلے جاتے ہیں اور پھر کہہ چکنے کے بعد سناتے چلے جاتے ہیں۔ اشعار کے ان انباروں میں اچھے بُرے سب ہی قسم کے شعر ہوتے ہیں۔ مگر اچھے زیادہ اور معمولی کم۔

مجنوں گورکھپوری

احمد صدیق مجنوں گورکھپوری معلوم نہیں یہ تخلص شعر کہنے کیلئے رکھا ہے یا اپنا تعارف کرانے کے لیے۔ آپ کی پوری شخصیت آپ کے تخلص میں سما کر رہ گئی ہے۔ اس جسامت کے لیے یہی تخلص اور اس تخلص کے لیے یہی جسامت ہونا چاہئے تھی۔ نہایت "المختصر" قسم کے پورٹ ایبل انسان ہیں۔ گویا فطرت کی شارٹ ہینڈ میں مشاقی کا جیتا جاگتا نمونہ۔ قد و قامت میں فتنہ مگر باقی تمام حیثیتوں سے قیامت، ادیب۔ نقاد، شاعر۔ افسانہ نگار۔ طالب علم معلّم سب ہی کچھ تو ہیں۔ یہ اور بات ہے کہ مجنوں کو شہرت بحیثیت ایک افسانہ نگار کے حاصل ہوئی۔ حالانکہ یہ خصوصیت اس کتب خانہ کی صرف ایک الماری ہے۔ وہ شعر کہتے اور خطرناک حد تک سمجھتے ہیں۔ گویا شعر و شاعری کے معاملہ میں سمجھدار اور خطرناک کا مجموعہ بنکر "سمجھناک" ہو گئے ہیں۔ پھر طرّہ یہ کہ منہ پھٹ بھی غضب کے ہیں۔ آپ کا ایک شعر سنکر داد دینگے تو دوسرا شعر سُنکر "مہمل" بھی اس صفائی سے کہدینگے کہ آپ منہ دیکھ کر رہ جائیں۔ کسی سے مرعوب ہونا تو جانتے ہی نہیں۔ البتہ اِس آدھی چھٹانک کے آدمی سے بڑے بڑے پہاڑ دل کو مرعوب ہوتے ہم نے خود دیکھا ہے۔

مجنوں ہیں دوستوں کے لئے خلوص بھی ہے۔ مگر بہت سپاٹ قسم کا۔ شروع شروع میں لوگ اُن کو سنکی سمجھتے ہیں۔ مگر بعد میں معلوم ہوتا ہے کہ وہ سنکی تو نہیں البتہ تصنع سے بری ہوکر تہذیب کے اِس معیار پر پورے نہیں اُترتے۔ جو منافقانہ اخلاق اور دروغ بافانہ علم مجلس سکھاتا ہے۔ مجنوں کا دوست بننا بڑے دل گردے کے آدمی کا کام ہے۔ مگر جو کوئی دوست بنجاتا ہے وہ اس چھوٹے سے آدمی کی بڑی بڑی باتوں میں نہیں معلوم کیا کیا پاتا ہے۔

مجنوں صاحب پہلے ہمارے بھی بزرگ بنے تھے۔ مگر رفتہ رفتہ راہ راست پر آگئے۔ اب جب کبھی ملاقات ہوجاتی ہے تو کم سے کم ہمارا دل تو خوش ہو ہی جاتا ہے ان کو خواہ کیسی ہی کدورت کیوں نہ ہوتی ہو۔

محبوب طرزی

خان محبوب طرزی

طرزی صاحب سے میں اس وقت سے واقف ہوں جب میں روزنامہ اودھ اخبار کی ادارت کر رہا تھا، اودھ اخبار کے عملہ میں طرزی صاحب اسی وقت تشریف لائے تھے اور پھر میرے ہی ساتھ روزنامہ ہند میں اور وہاں سے میرے ہی ساتھ سرپنچ میں اور آخر میں میرے روزنامہ طوفان میں میری معاونت کرتے رہے۔

خان محبوب طرزی ایک کامیاب مترجم۔ ایک خوش نصیب اہلِ دل۔ ایک ہردم تازہ افسانہ نگار اور ایک بیحد دلچسپ دوست ہیں۔ افسانہ نگاری میں نوآن کی رفتار عام افسانہ نگاروں کی سی ہے مگر افسانہ گوئی میں وہ اپنے وقت کے منفرد جادوگر ہیں۔ ان کی ہر ٹھوکر میں سیکڑوں افسانے پڑے کلبلایا کرتے ہیں ع

اک ذرا چھیڑیئے پھر دیکھیے کیا ہوتا ہے

"کیوں طرزی صاحب کلکتہ کا سفر خیریت سے گذرا؟"

زمین دوز مونچھوں کی بخیہ اُدھیڑتے ہوئے فرمائیں گے۔" جی ہاں بہت لطف میں راستہ گذرا۔ یہاں سے چلتے ہی سفر رنگین ہونا شروع ہوگیا تھا۔ میں

پلیٹ فارم پر کھڑا ہی تھا کہ ہاوڑہ اکسپرس آکر ٹھہری۔ انٹر کلاس کے دروازہ پر ایک بنفشئی برقعہ لہرایا اور نقاب الٹ دی گئی۔ کتابی چہرہ چمپئی رنگ۔ سنہرے رنگ کے بال اور کانوں میں فیروزئی آویزے۔ میں نے اِدھر اُدھر دیکھا ہی تھا کہ سندلیں ہاتھوں کی بے پروا جنبشوں سے مجھکو قریب بلایا گیا۔ میں جو گیا تو کہنے لگیں کہ معاف کیجیے گا میں تو سوڈا لیمنڈ والے کو بلا رہی تھی۔ خیر آپ آگئے ہیں تو تشریف لائیے۔ کیا کہیں باہر جا رہے ہیں۔ میں نے کہا جی ہاں کلکتے۔ کہنے لگیں وہیں تو میں بھی جا رہی ہوں۔ آپ اسی درجہ میں بیٹھیے۔ میں خاموشی سے بیٹھ گیا۔

گاڑی چھوٹنے کے بعد مجھ سے فرمائش ہوئی کہ اسی سیٹ پر آجائیے اور اسی طرح کلکتہ پہونچتے پہونچتے یہ حال ہوا کہ ہاوڑہ کے پلیٹ فارم پر اُن کی آنکھوں میں آنسو تھے اور میری انگلی میں اُن کی انگوٹھی —— قلی اسباب اٹھا رہا تھا انجن سیٹیاں بجا رہے تھے اور مجھے نہیں معلوم کہ میں کیا کر رہا تھا۔"

یہ تو خیر لکھنؤ سے کلکتہ تک کا سفر تھا۔ طرزی صاحب کو تو ایسے رومان کیلئے بس ذرا سی مہلت درکار ہوتی ہے اور پھر برجستگی اس بلا کی کہ اگر آپ ان کے افسانہ کو افسانہ کہدیں تو بُرا مان جائیں۔

پٹھان ہیں مگر غصہ نہیں آتا۔ افغانستان سے آکر لکھنؤ میں بس جانے کا اور کیا نتیجہ ہو سکتا ہے۔ دوست نواز اس قیامت کے ہیں کہ کہیئے تو گھر بار سب

چھوڑ دیں۔ ذہین ہیں مگر ذہانت کو بخل کے ساتھ صرف کرتے ہیں۔ ان کو ایک کامیاب افسانہ نگار ہونا چاہیے تھا۔ افسانہ نگار تو خیر وہ ہیں۔ مگر جس حد تک کامیاب ہونے کی ان میں صلاحیت ہے۔ اتنے کامیاب نہیں۔ کوتاہ قلم بھی نہیں لکھتے بھی کافی ہیں مصوری اور نقاشی سے بھی شوق ہے۔ مگر دل کے معاملات میں اس قدر تکمیل کو پہونچے ہیں کہ باقی تمام ذوق "باقی آئندہ" ہو کر رہ جاتے ہیں یا "گذشتہ سے پیوستہ" کی صورت میں کسی عجیب جگہ سے شروع ہوتے ہیں۔

بحیثیت مجموعی طرزی صاحب ایک قابل قدر دوست۔ ایک دلچسپ رقیب اور ایک محبت کرنے کے لائق آدمی ہیں۔ بہت سی کتابوں کے مصنف اور بہت سے غیر مطبوعہ بلکہ غیر مرقومہ افسانوں کے بھی مولف۔ مترجم یا مصنف ہیں۔

مخدوم محی الدین

ترقی پسند شاعروں میں میرا سب سے محبوب شاعر مخدوم محی الدین ہے نہایت بدصورت آدمی لیکن اپنا کلام پڑھتے وقت مجھے بے حد حسین نظر آتا ہے۔ معلوم ہوتا ہے کہ قازقستان میں جابر کا شباب ہندوستانی زبان میں شعر کہنے کی طرف متوجہ ہو گیا ہے۔ اور چاہتا ہے کہ اپنے استالین کو بھی ہندوستانی بنا دے یا اپنے ہندوستان کو بھی استالین کے لئے روس بنا کر رکھ دے۔

ترقی پسند شعراء کے کلام میں ترقی پسندی کا عنصر تو خیر غالب رہتا ہے مگر شاعری غائب ہو جاتی ہے یہ بات جوش۔ مجاز اور مخدوم محی الدین کے کلام میں نہیں ہے۔ وہ ترقی پسند بنکر شاعر نہیں بنے ہیں۔ بلکہ شاعر تھے اور شاعری کو ساتھ لیکر ترقی پسند بنے ہیں۔ مخدوم محی الدین کے کلام میں خواہ وہ بلیننگ درس ہی کیوں نہ ہو۔ نغمہ۔ بندش۔ الفاظ۔ مفہوم۔ تخیل تمام عناصر کا امتزاج کچھ اس مناسبت سے ہوتا ہے۔ کہ ترقی پسند شاعری کا شدید سے شدید مخالف بھی متاثر ہوتے بغیر نہیں رہ سکتا۔ ایک بے ساختگی ایک

وجدان اور ایک تاثر ٹھوس سے ٹھوس اور بے رنگ سے بے رنگ موضوع میں بھی یہ آرٹسٹ پیدا کر دیتا ہے۔

مخدوم محی الدین میں رندانہ برجستگی۔ اور فنکارانہ لطافت نہایت سلیقہ کے ساتھ سموئی ہوئی موجود ہے۔ اور یہی ان کی انفرادیت کی روح ہے۔

مرزا محمد عسکری

مرزا محمد عسکری بی۔اے۔

آپ کو مترجم تاریخ ادب اردو یا مصنف "آئینۂ بلاغت اور نودار۔ وغیرہ کہنا میں اس لئے نہیں چاہتا کہ آپ تو بجائے خود ایک قسم کی انسائیکلو پیڈیا ہیں جو چلتی پھرتی ہے۔ ہنستی بولتی ہے۔ کھاتی پیتی ہے۔ سوتی جاگتی ہے۔ بلکہ بیمار بھی رہتی ہے اور باغبانی اور تصنیف کے کام بھی کرتی ہے۔

میں نے آپ کو ہمیشہ اپنا بزرگ سمجھا مگر آپ کی اب تک کی سب سے آخری کتاب "من کیستم" سے یہ معلوم ہوا کہ آپ نے مجھ کو اپنے دوستوں میں سمجھ رکھا ہے۔ بہر حال بزرگ سے بھی ادب کے ساتھ دوستی کی جا سکتی ہے۔ پھر مرزا صاحب تو سراپا ادب ہیں۔

مرزا محمد عسکری صاحب نے ادب اردو پر جو احسان کئے ہیں ان کو تو ادب سے دلچسپی رکھنے والوں کا دل ہی جانتا ہوگا مگر ان کے آرٹ کا قدر دان بھی ہو تو ہمارا ایسا۔ کاش مرزا صاحب کو خبر ہوتی کہ انکی پرستش ان کے ایک عقیدت کیش نے کس کس طرح کی ہے۔ ایک تازہ ترین واقعہ سن لیجئے۔

لکھنؤ ریڈیو اسٹیشن سے ایک ادبی استفسار کے لیے یہ خاکسار اور حفیظ جاوید صاحب پروگرام ڈائرکٹر مرزا صاحب کی خدمت میں حاضر ہوئے۔ مرزا صاحب نے جس کمرے میں ہم لوگوں کو بٹھایا وہ غالباً آپکے پوتے محمد اختر عسکری سلمہٗ کی تعلیم کا کمرہ تھا۔ اس لیے کہ جس میز کے گرد ہم لوگ کرسیاں بچھا کر بیٹھے تھے۔ وہ میز سلیٹ کی تھی۔ مرزا صاحب سے دیر تک گفتگو ہوتی رہی کہ یکایک آپ کو پان منگانے کا خیال آیا اور آپ وہاں سے باہر چلے گئے۔ حفیظ صاحب نے کتابوں کے ایک انبار کی طرف اشارہ کرکے پوچھا "یہ کیا ہے" میں نے عرض کیا کہ یہ مرزا صاحب کی کتاب نوادر ہے تعجب ہے۔ کہ آپ نے اب تک یہ کتاب نہیں دیکھی۔ بہرحال میں آپ کو نذر کرتا ہوں"۔ یہ کہہ کر میں نے جلدی سے ایک کتاب چرائی اور مرزا صاحب کے آنے کی آہٹ پاکر گھبرا کر پتلون میں ٹھونس لی۔ اب حفیظ صاحب کا برا حال مرزا صاحب سے گفتگو کرنا بھی ضروری اور ہنسنا بھی مقدم اور خود ہم اس اندیشے میں کہ مرزا صاحب کہیں اس اچانک پیٹ کے ابھار کو بھانپ نہ لیں بمشکل تمام مرزا صاحب سے اجازت لیکر نکلے اور واپس آکر اس تاریخی واقعہ کو مسروقہ نسخہ پر درج کرکے حفیظ جاوید صاحب کو پیش کردیا۔

یہ طے ہے کہ اگر ایک کتاب مرزا صاحب سے مانگی جاتی تو وہ ضرور دیدیتے مگر لطیفوں کے اس مجموعہ کو بغیر کسی لطیفہ کے حاصل کرنا بھی تو بدمذاقی ہوتی۔ بہرحال اس واقعہ کی اطلاع مرزا صاحب کو شاید اب ہوگی۔ جب آپ یہ تحریر پڑھیں گے۔

مرزا محمد عسکری صاحب سے مل کر اور کسی ادبی موضوع پر گفتگو کر کے ہمیشہ یہ محسوس ہوتا ہے کہ گرمی میں دو میل تک دوڑنے کے بعد برف میں لگا کر فالسے کا شربت پی لیا ہے تشنگی دور۔ زبان پر چٹخارہ۔ طبیعت میں فرحت۔ اور آنکھیں روشن۔

مرزا صاحب میرے عزیزوں کے عزیز بھی ہیں۔ مگر وہ کسی کو اتنے عزیز نہ ہونگے جتنے مجھے عزیز ہیں۔ ویسے تو خیر وہ عبدالعزیز روڈ پر رہتے ہی ہیں۔ مگر دراصل وہ کسب کمال کر کے عزیز جہاں ہو چکے ہیں۔

مرزا صاحب بھی مجھ سے اس قدر محبت فرماتے ہیں کہ میں ان کو خوبصورت نظر آتا ہوں۔ میں بھی اس طنز پر یہ سمجھ کر خاموش ہوں کہ اس میں مرزا صاحب کا قصور نہیں۔ دراصل محبت خود ہی نابینا ہوتی ہے۔

مرزا صاحب کچھ لکھیں یا نہ لکھیں میرے خیال میں ان کی زندگی ہی ایک ادبی خدمت ہے۔ وہ ڈکشنری کی طرح اگر خاموش بھی بیٹھے رہیں تو سب فیضیاب ہوتے رہیں گے۔

مشیر احمد علوی

قادری محمد مشیر احمد علوی ناظر کاکوری

یہ اتنا بڑا نام ایک ہی صاحب کا ہے۔ اِس پوری سطر کو آپ نام کے طور پر استعمال کرتے ہیں۔ حالانکہ اس میں شجرے سے لیکر پتہ تک سب کچھ درج ہے۔

مشیر احمد صاحب علوی وغیرہ وغیرہ کو خدا نے ادیب بنا کر پیدا کیا تھا۔ اور پیٹ نے کلرک بنا کر ایک ادیب کو مار ڈالنے میں کوئی کسر اٹھا نہ رکھی۔ اگر مشیر احمد علوی اپنے والد صاحب کی طرح کم سے کم ڈپٹی کلکٹر بھی ہوتے تو ان کی ادبی زندگی نہایت شاندار ہوتی اور اگر وہ بالکل ہی فارغ البال ہوتے تو بہت بڑے تذکرہ نگار کی حیثیت سے نمایاں ہوتے۔ پھر بھی اُن کو ادب سے ایسا دیوانہ وار ذوق ہے۔ کہ باوجود کلرکی کے بہت کچھ لکھتے لکھاتے۔ سنتے سناتے رہتے ہیں۔ نثر میں ایک خاص شگفتہ طرز کے مالک ہیں۔ شاعری سے ذوق نہیں۔ مگر لکھنؤ کی انڈسٹریل ایکزبیشن کے تاریخی مشاعرے کے سرگرم سکرٹری رہ چکے ہیں۔

خان بہادر سیّد عین الدین صاحب ان کو ادبی مجذوب کہا کرتے تھے۔ اور مشیر احمد علوی کی تمام خصوصیات اسی ترکیب میں ڈھانکی جاسکتی ہیں۔ وہ ایک

کھوئے ہوئے سے۔ اپنی دھن میں مست قسم کے آدمی ہیں۔ دوستی بہت کم کرتے ہیں مگر تعلقات دشمن سے بھی رکھتے ہیں۔ علیگڈھ کی تعلیم نے بزلہ سنجی پیدا کر دی ہے مگر تعلیم کے آخری نتیجہ یعنی ملازمت نے تمام تیزی۔ طباعی اور صلاحیت کو کچل کر رکھ دیا ہے مگر مشیر اس حال میں بھی خوش ہیں اور جب مزاج پوچھیے ایک خاص ادا سے گردن کو جھٹکا دیکر خدا کا شکر ادا کر دیتے ہیں۔ وضع دار قسم کے لوگوں میں ہیں۔ اور فطرتاً نہایت غیور واقع ہوئے ہیں کسی سے کسی غرض کے ماتحت تعلقات کبھی نہیں رکھتے اور اگر تعلقات پیدا کر لیتے ہیں تو پھر طبیعت دوستی کرتے کرتے اکتا جاتی ہے۔ مگر وہ کسی طرح لڑتے ہی نہیں +

ملّا رموزی

حضرت ملا رموزی۔ مشہور مزاح نگار ہیں۔ گلابی اردو آپکا خاص رنگ پیش کرتی رہی اس کے بعد کچھ سیاسی مزاح نگاری شروع فرمائی اور آخر کار شاعری بھی فرمانے لگے ذہین آدمی کیا کچھ نہیں کرسکتا۔ مگر سب باتیں کرنے کی نہیں ہوتیں۔

ملا صاحب سے سب سے پہلے گوالیار کی بزم اردو میں نیاز حاصل ہوا تھا۔ پھر بھوپال میں ملاقات ہوئی۔ ملا صاحب نے ادب اردو کی بہت کافی خدمت فرمائی ہے۔ مگر اب کچھ عرصہ سے خاموش ہیں۔ مجھے ذاتی طور پر ان کی گلابی اردو سے اختلاف ہے۔ اس لئے کہ انکے سفید اور خالص اردو میں لکھے ہوئے مضامین گلابی اردو سے زیادہ پسند آئے۔ وہ مزاح نگار ہیں تو زبان و بیان کو نئے دائروں میں لاکر مزاح پیدا کرنے کی کیوں سعی کریں جبکہ وہ سیدھی سادی طرح بھی شگفتگی پیدا کرنے پر قدرت رکھتے ہیں بہر حال معلوم ہوتا ہے کہ گلابی اردو کو ملا صاحب نے خود بھی اپنے شایانِ شان نہ سمجھکر ترک کر دیا ہے۔ اور اب بہت دنوں سے عام اور باقاعدہ زبان میں اپنے فن کو پیش کر رہے ہیں۔

ملک حسیب احمد

آل انڈیا ریڈیو نے جہاں ملک پر بہت سے احسان کیئے ہیں وہاں قوم پر بھی ایک احسانِ عظیم یہ کیا ہے کہ بہت سے ادبی قسم کے لوگوں کو ادیب بننے سے بچا لیا ہے بلکہ جو ادیب بن چکے تھے ان کو بھی اپنے دامن میں سمیٹ کر گورنمنٹ آف انڈیا کا کچھ ایسا افسون پھونکا ہے کہ وہ "آف انڈیا" تو خیر باقی نہیں رہے ہیں البتہ "گورنمنٹ" ضرور بن گئے ہیں۔ اگر یہ ادب نواز محکمہ منجانب اللہ ظہور میں نہ آتا تو مردم شماری کی تعداد ادیبوں کی گنتی کا منہ دیکھتی رہ جاتی۔ اس محکمہ میں مختلف قسم کے ادیب ہیں مثلاً کچھ تو وہ ہیں جن کو سابق ادیب کہا جا سکتا۔ کچھ وہ ہیں جو اب تک ادیب بنے ہوئے ہیں۔ کچھ ایسے ہیں جو نہ ادیب تھے نہ ہو سکتے تھے۔ مگر ریڈیو میں پہونچکر ان کو کبھی کبھی شبہ سا ہو جاتا ہے کہ کہیں ہم بھی ادیب ہی تو نہیں ہیں اور کچھ وہ ہیں جو ادیب بننے ہی والے تھے کہ عین موقع پر آل انڈیا ریڈیو نے انکو اس مصیبت سے بچا کر اپنے دامن میں پناہ دی۔ اسی آخری قسم کے لوگوں میں ملک حسیب احمد کا نام بھی لیا جا سکتا ہے۔ ان کو شاید اپنے ادیب ہونے کی خبر نہ ہو لیکن ہمارا مطالعہ یہی ہے کہ وہ اگر ریڈیو میں نہ ہوتے تو کسی رسالہ کے ایڈیٹر، کئی کتابوں کے مصنف، کسی پبلشنگ ہاؤس کے مالک یا مالک کے شریک یا کسی

ایسی ہی قسم کے آدمی ہوتے۔ ان میں افسانہ نگاری کی صلاحیت اور ڈرامہ کا پورا سلیقہ موجود ہے جو آل انڈیا ریڈیو میں اس طرح صرف ہو رہا ہے کہ آپ بحیثیت اسسٹنٹ اسٹیشن ڈائرکٹر کے چکون پر دستخط فرماتے ہیں۔ مالکوس اور پیلو کے اوقات پر مباحثہ کرتے ہیں۔ سازوں کے زیر و بم پر نقادانہ نظر ڈالتے ہیں۔ ادبی تقریروں کو حسرت سے سنتے اور ڈراموں سے دلچسپی لیکر اپنے اِس ذوق کو بچوں کی طرح بہلا دیتے ہیں معلوم ہوتا ہے کہ ایک بنے بنائے ادبی آدمی کو زبردستی سرکاری آدمی بنا دیا گیا ہے۔ گویا انکی وہ تمام تصانیف جو ظہور میں بھی نہ آئی تھیں۔ بحق ملکِ معظم ضبط کر لی گئی ہیں۔

حسیب صاحب سے میرے مراسم کب سے شروع ہوئے یہ ایک داستان ہے جس کی نہ گنجائش ہے نہ ضرورت مختصراً یہ کہا جا سکتا ہے کہ ہم دونوں کے دودھ کے دانت نہ ٹوٹے تھے کہ بھوپال میں ہم دونوں آپس میں کبڈی کی قسم کا کوئی غیر منظم کھیل کھیلا کرتے تھے جو نہ اب ان کو یاد ہے نہ مجھے۔ اس کے بعد پھر ہم دونوں نہ مل سکے اور ملے بھی تو کب جب ہم ادیب ہو چکے تھے اور وہ ریڈیو۔ دہلی سے اپنی تقریریں براڈکاسٹ کرنے جایا کرتا تھا ایک مرتبہ ایک شعلہ جوالہ سے ملاقات ہو گئی۔ خوبصورت بھی اور خوش اخلاق بھی خوش پوشاک بھی۔ اور بظاہر خوش باش بھی۔ معلوم ہوا کہ ہندوستانی تقریروں کے نئے انچارج آپ ہی ہیں اور اسمِ گرامی ہے ملک حسیب احمد۔ یکایک خیال آیا کہ بھوپال میں ہمارے ایک بہت خوبصورت چچا تھے ملک حبیب احمد اُن سے اُنکا نام بھی ملتا ہوا ہے اور شکل بھی کہیں یہ وہی حضرت تو نہیں ہیں جو بھوپال میں آخری مرتبہ منہ چڑھا کر بھاگے

تھے اور پھر ہم کو بدلہ لینے کا موقع نہ مل سکا تھا ہمت کر کے ایک گول سا سوال کر ہی دیا۔

"ملک صاحب کیا آپ ملک حبیب احمد صاحب سے واقف ہیں جو بھوپال میں سٹی مجسٹریٹ تھے؟"

"جی ہاں خوب اچھی طرح واقف ہوں۔ وہ میرے والد ہیں۔"

ایکدم بجلی کی طرح تڑپ کر گلے سے لگ گئے۔ اور ملک حسیب احمد بھونچکا کہ آخر ماجرا کیا ہے۔ مگر جب ماجرہ بتایا تو اب وہ نہیں چھوڑتے۔ دیر تک یہی عالم رہا شکر ہے کہ اس وقت اسٹیشن ڈائرکٹر کا گذر ادھر سے نہیں ہوا اور نہ وہ اس منظر کو شاید کشتی سمجھتے۔ جس کا امکان ایک پروگرام اسسٹنٹ اور ایک ٹاکر میں ہر وقت ہو سکتا ہے۔

دہلی کی ان ملاقاتوں کے بعد لکھنؤ میں جب ریڈیو اسٹیشن کھلا تو ملک حسیب احمد ڈائرکٹر آف پروگرامس بنا کر بھیجے گئے۔ اس لئے کہ شین قاف سے درست تھے۔ اور لکھنؤ ان کو آسانی سے قبول کر سکتا تھا چنانچہ لکھنؤ نے ان کو نہ صرف قبول کیا بلکہ لکھنؤ سے تبادلہ کے وقت یہ پنجابی لکھنؤ کو اپنے لئے تڑپتا ہوا چھوڑ کر پنجاب آیا۔ بہر حال لکھنؤ کے قیام میں حسیب نے اپنے کو پڑھنے کا تفصیلی موقع دیا۔ اور یہ راز اسی وقت کھلا کہ حسیب ادیب تھے مگر ادیب نہ بن سکے۔ ان کے مضامین نظر سے گزرے۔ انکے فرضی ناموں سے لکھے ہوئے ڈرامے دیکھے۔ افسانے پڑھے اور آخر میں طبیعت بڑی خوش ہوئی کہ ریڈیو نے اس ادیب کو ادیب بننے سے

بال بال بچالیا۔

لکھنؤ میں ریڈیو اسٹیشن کھلنے کے بعد اس خاکسار کو بھی ریڈیو کی ملازمت آخر کار اختیار کرنا پڑی۔

ہر چند کہ اب بھی دوستی تھی۔ بے تکلفی تھی۔ دفتر کے باہر وہی پرانے حسیب اور شوکت بھی تھے۔ مگر قدرتی طور پر کم سے کم ہماری طرف احتیاط ضرور پیدا ہو گئی تھی۔ اور ہم سمجھتے تھے کہ ان افسر قسم کے انسانوں کا کوئی اعتبار نہیں خدا جانے اپنے کو کس وقت انسان سمجھتے سمجھتے افسر سمجھ بیٹھیں۔ لہذا اپنے حدود میں رہنا ہی مناسب ہے۔ حدود کے اس تعین کے باوجود حسیب کے لئے دل میں ایک خلوص بیساختہ خلوص اور دیوانہ وار خلوص ہمیشہ محسوس ہوا جس کا اظہار ملازمت کے زمانہ میں اس لیئے مناسب نہ تھا کہ اس کو صاحب کی خدمت میں بڑے دن کی ڈالی سمجھا جاتا مگر اب وہ محض خلوص مانا جائیگا۔

حسیب عجیب متضاد خصوصیات کا مجموعہ ہیں۔ پرکار بھی اور سادہ بھی محنتی بھی اور بعض معاملات میں انتہائی کاہل بھی۔ جتنے ذہین ہیں اتنے ہی فراموشکار بھی۔ جتنے حسین ہیں اتنے ہی حسن شناس بھی جتنے صاحبِ دل ہیں اُس سے کچھ زیادہ ہی دلبر بھی۔ حسیب کو حسین محفلوں میں دیکھنے کا بھی اتفاق ہوا ہے مگر آپ ہم ساکنانِ خطۂ خاک کی طرح حسن پرست بنے ہوئے نظر نہیں آتے۔ بلکہ جہاں دو چار حسین دیکھے معبود بن کر بیٹھ گئے اور سچ بھی ہے کہ پرستش کرے وہ جس کو پرستش کرانا نہ آتی ہو۔

حسیب دل کے بہت اچھے مگر کانوں کے نہایت کچے واقع ہوئے ہیں۔ زندگی بھر اپنی اس کمزوری پر پچھتائے ہیں، مگر یہ کمزوری اس اعتبار سے جائز بھی ہے کہ ہم نشیں ہی رہزن ثابت ہوا کرتے ہیں تلخ تجربے بدگمان بنا بھی دیتے ہیں اور آدمی کو خود اپنے سایہ سے بھی چوکنّا رکھتے ہیں۔

آجکل حسیب تندرستی کے مرض میں مبتلا ہیں۔ جسامت بڑھ رہی ہے۔ اور خوراک گھٹتی جاتی ہے۔ درویش کی ہمّت نہیں۔ لہٰذا بے زبان معدہ کو نفس کشی سکھا کر خود فاقہ کشی سیکھ رہے ہیں۔ اگر جسم بغاوت کرتا رہا تو مسٹر چرچل اور کامیاب ہو گئے۔ تو مہاتما گاندھی بنکر رہیں گے۔ حسیب فطرتاً درمیانی درجہ کے قائل نہیں ان کی زندگی کا نچوڑ اس مقولے میں ہے کہ اِس پار یا اُس پار۔۔ +

نسیم انہونوی

سید محمد نسیم انہونوی مالک سرپنچ جرنلس لکھنؤ۔

نسیم مجھ سے اتنے قریب رہے ہیں کہ میرا کوئی اور دوست مجھ سے اسقدر قریب نہیں رہا مگر

ہزاروں قربتوں پر یوں مرا مہجور ہو جانا   جہاں سے چاہنا اُن کا وہیں سے دور ہو جانا

اب وہ لکھنؤ میں ہیں اور میں لاہور میں۔ مگر روحانی طور پر میں اُن سے اتنے فاصلہ پر نہیں ہوں وہ رسالہ انکشاف نکال رہے تھے اور میں ہمدم میں تھا کہ یہ مراسم شروع ہوئے اور شروع ہوتے ہی اس درجہ پر پہنچ گئے کہ لوگوں کو نسیم اور شوکت میں امتیاز دشوار ہو گیا۔ ہم دونوں نے ملکر رسالہ حریم اور اخبار سرپنچ نکالا۔ سرپنچ اور حریم دونوں اب تک نسیم صاحب کے زیر سایہ پھل پھول رہے ہیں۔

نسیم قیامت کے ذہین اور بلا کے تجارتی آدمی ہیں۔ اگر وہ اعلیٰ تعلیمیافتہ ہوتے تو انکو کسی صوبہ کی وزارت میں شامل ہونا چاہیے تھا یا کم سے کم کسی ریاست کی مدار المہامی ملتی تو وہ اپنی انتظامی قابلیت کے جوہر دکھاتے۔ وہ سرمایہ دار نہیں ہیں مگر کوئی سرمایہ دار اپنے روپئے کے زور پر کسی ادارہ کو اس کامیابی سے نہیں چلا سکتا جس کامیابی کے ساتھ نسیم نے سرپنچ جرنلس کو چلایا ہے۔ انہیں یہ خاص کمال ہے کہ بغیر پیسے کوڑی کے جتنا بڑا محل کہئے تعمیر کر کے دکھا دیں چنانچہ برابر لنگوٹی میں پھاگ کھیلتے رہتے ہیں اپنے رسالوں کے ایسے ایسے خاص نمبر نکالتے ہیں کہ لوگ

ان کی مالی حالت کی طرف سے مشتبہ سے ہو جاتے ہیں۔

وہ ایک کامیاب افسانہ نگار تھے۔ مگر تجارتی دماغ میں ادبی عنصر باقی نہ رہ سکا اور اب صرف اپنے ادارہ کے پروپرائٹر ہیں کبھی کبھی اب بھی افسانہ نگاری فرماتے ہیں مگر اب در اصل خود انکے ذاتی افسانے شروع ہو چکے ہیں جنکے وہ ہیرو ہیں۔

مٹھائی کھاتے ہیں سیر مہ لگاتے ہیں۔ دن بھر ٹائپ رائٹر پر بیٹھے کاغذی گھوڑے دوڑایا کرتے ہیں اور شام کو احباب کے حلقہ میں ذرا دل بہلا لیتے ہیں۔ حسن پرست بھی ہیں اور صاحب دل بھی۔ مگر رومان کے بس اسی حد تک قائل ہیں کہ دماغ کو ذرا سکون حاصل ہو جائے ورنہ در اصل انکو حسینوں سے زیادہ محبت اُن عدالتوں سے ہے جو سمن برائے اشاعت بھیجتی ہیں۔ اور مرتے ہیں اُن مشتہروں پر جو آپکے اخبار اور رسالہ میں اشتہار چھپواتے ہیں۔ اس کے علاوہ اُن کی حسن پرستی تو اِس قدر کمزور واقع ہوئی ہے کہ ایک طرف ایک حسینہ کو بٹھا دیجئے اور دوسری طرف گرم گرم امرتیاں رکھ دیجئے نسیم صاحب دیکھیں گے دونوں کو۔ مگر جھپٹینگے امرتیوں کی طرف۔ یہ اور بات ہے کہ امرتیاں کھا چکنے کے بعد حسینہ کے غائب ہو جانے پر رسماً ذرا سا افسوس کر لیں۔ یا سرکہ میں ڈبو کر یا ذرا سا شہد لگا کر کسی قتالۂ عام کو انکے سامنے لے آئیے۔ وہ حسن کو محض سرکہ اور شہد کی وجہ سے ناقابل قبول سمجھ کر منہ پھیر لیں گے۔ سرکہ اور شہد ان دونوں سے آپکو چڑھ ہے۔ انہیں سے کسی کا نام لے دیجئے۔ مرنے مارنے کو تیار ہو جائینگے۔

نسیم سے مجھے محبت ہے لہذا ان کی کمزوریاں میری نظر میں نہیں آسکتیں۔ اسکے معنی یہ نہیں ہیں کہ نسیم میں کمزوریاں نہ ہوں گی بلکہ در اصل یہ میرا اندھا پن ہے کہ میں دیکھنے سے قاصر ہوں۔

نیاز فتحپوری

حضرت نیاز فتحپوری مدیر نگار لکھنؤ۔

جب میں بہت چھوٹا تھا۔ اس وقت نیاز صاحب کو بھوپال میں دیکھا تھا۔ آپکے چہرے پر داڑھی تھی اور آجکل سے زیادہ معمّر نظر آتے تھے۔ پھر نیاز صاحب کو لکھنؤ میں دیکھا جب آپ وصل صاحب بلگرامی کی دعوت پر بھوپال سے مستقلاً لکھنؤ منتقل ہو کر آگئے تھے اور رسالہ نگار کا دفتر نظیر آباد میں قائم کیا تھا۔ میں وصل صاحب سے ملنے جایا کرتا تھا۔ اور نیاز صاحب سے ملنے کو دل چاہتا تھا۔ مگر ملا اُس وقت جب خود نیاز صاحب کا بھی دل چاہا۔

نیاز صاحب بہت جلد مجھ کو اپنا خاص دوست یا خورد سمجھنے لگے۔ کبھی کبھی کسی ادبی مسئلہ پر نیاز صاحب سے تبادلۂ خیال کرنے کے بعد ایسا معلوم ہوتا تھا کہ گویا کسی پہاڑ کو موکل کی مدد سے الہ دین والا چراغ گھسکر عبور کر لیا ہے۔ نیاز صاحب کی گفتگو میں بلا کا طنز۔ قیامت کی شوخی اور نہایت لطیف قسم کی شگفتگی ہے۔ وہ مزاح نگار بنکر ادب میں نہیں آئے ہیں مگر ایسا معلوم ہوتا ہے کہ یہ منزل بھی ان کی روندی ہوئی ہے۔ میرے دوسرے مجموعۂ مضامین بحر تبسم پر نیاز صاحب ہی نے مقدمہ لکھا ہے اور میری خوب خوب خبر لی ہے۔ خیر تو خیر اب بھی جب چاہتے ہیں لیتے رہتے ہیں مگر مجھ کو ایسا محسوس ہوتا ہے کہ گویا نیاز صاحب مجھ کو واقعی

عزیز رکھتے ہیں۔ اور میں بھی انکا بیحد احترام کرتا ہوں۔ وہ ایک صاحب طرز انشاپرداز۔ ایک چوٹی کے افسانہ نگار ہونے کے علاوہ شعر کے نہایت معتبر جوہری بھی ہیں۔ مگر بیدھڑک تنقید اور آزادی کی حد سے بھی ایک آدھ قدم آگے بڑھی ہوئی ان کی رائے سے ڈر ہی لگتا ہے نیاز صاحب میں اب کچھ کچھ بوڑھاپے کے آثار نمایاں ہیں مثلاً اب انکو مکان بنوانے۔ بچوں کی شادیاں کرنے۔ روپیہ جمع کرنے اور صرف کرنے میں اونچ نیچ پر غور کرنے والا بوڑھاپے کا شعور پیدا ہو گیا۔ نیاز صاحب کی وہ بے پرواادائیں وہ چہ غم قسم کی افتادِ طبیعت اور وہ

ع ہو رہے گا کچھ نہ کچھ گھبرائیں کیا

والی سرمستی اب نظر نہیں آتیں۔ لوگ نیاز صاحب کے مذہبی اعتقادات کی طرف سے مشکوک ہیں مگر میں نے خود انکے ساتھ روزہ افطار کیا ہے۔ اور عید کی ایک آدھ نماز بھی پڑھی ہے۔ عید ملنے تو ہمیشہ ہی جاتا ہوں اور انکو عید کے دن مغموم نہیں پاتا۔ رہ گئیں ان کی وہ مذہبی تنقیدیں جن سے یہ غلط فہمیاں پیدا ہو جاتی ہیں۔ انکے متعلق میرے ذہن میں ہمیشہ یہ سوال پیدا ہوتا ہے کہ وہ نیاز صاحب کے دل کی آواز ہے یا دماغ کی۔ میرے خیال میں وہ دل سے ٹھیٹھ مسلمان اور دماغ سے نقاد ہیں۔ لہٰذا دماغ کبھی کبھی دل پر حاوی ہو جاتا ہے۔ یہ میری ذاتی رائے ہے۔ میں اس سلسلہ میں نیاز صاحب یا انکے معترضین کے سامنے کوئی صفائی پیش نہیں کر رہا ہوں۔ ٭

وصل بلگرامی

سید مقبول حسین وصل بلگرامی۔

وصل مر گئے؟ کیونکر یقین آئے کہ وصل واقعی مر گئے ہونگے۔ انکے لئے تو دنیا کی کوئی بات ناممکن تھی ہی نہیں۔ اس ہندوستانی اور مسلم نپولین کو کم سے کم میں نے کبھی کسی موقع پر مجبور نہیں دیکھا۔ بلکہ ہمیشہ یہی دیکھا کہ جس کسی دوست کو کوئی ناقابل عبور مشکل پیش آگئی وہ امید لیکر وصل صاحب کے پاس آیا اور کامیاب واپس گیا۔ جرأت کا عالم کچھ نہ پوچھیے۔ جو بات خواب وخیال میں بھی ممکن نظر نہ آئے۔ وصل صاحب اس کو ممکن کر کے دکھا دیتے تھے۔

کانپور ریلوے اسٹیشن پر ایک یورپین لڑکی سات آٹھ ڈریس سوٹ پہنے ہوئے ولائتی معززین کے ساتھ ٹہل رہی تھی۔ میں نے وصل صاحب کو یوں ہی کہدیا "کیوں وصل صاحب ہر ناممکن بات تو آپ ممکن بنا دیتے ہیں۔ اب بتایئے کہ اس لڑکی کا بوسہ بھی آپ لے سکتے ہیں" جواب کچھ نہ دیا۔ سفید داڑھی کھجائی۔ کچھ غور کیا۔ اور آگے بڑھ گئے۔ اب میں نے خطرے کو محسوس کیا۔ آواز دی۔ واپس بلانا چاہا۔ مگر جب وہ نہ لوٹے تو خود بھاگا دوسری طرف کہ انکے ساتھ ہی میری مرمت بھی نہ ہو جائے

یکایک وصل صاحب نے انگریزوں کے اُس مجمع میں گھس کر اس لڑکی کی پیشانی پر چٹاخ سے بوسہ لے ہی تو لیا۔ اور ساتھ ہی ساتھ چیخ چیخ کر رونا شروع کر دیا کہ "ہائے بالکل یہی صورت تھی۔ میری زہرہ کی۔ بالکل یہی صورت تھی۔ یہی قد۔ یہی قیامت۔ یہی آنکھ ناک" لڑکی سہم کر رہ گئی۔ اس کے ساتھی حیران کہ ماجرا کیا ہے۔ آخر ان میں سے ایک نے وصل صاحب کو تسلّی دی اور سمجھا بجھا کر پوچھا تو آپ نے بتایا کہ میری لڑکی کا ابھی انتقال ہوا ہے۔ بالکل ایسی ہی تھی ہو بہو یہی۔ اب تو وہ لڑکی اور اسکے سب ساتھی وصل صاحب کے گرد جمع ہو گئے۔ کوئی رومال سے ہوا دے رہا ہے۔ کوئی لیمنڈ پیش کر رہا ہے اور لڑکی آپکے کندھوں پر ہاتھ رکھے کھڑی ہے۔ آخر میں وصل صاحب کا پتہ اُس نے اور آپ نے اُس کا پتہ لکھ لیا۔ وصل مرحوم بعد میں بتاتے تھے۔ کہ کبھی کبھی خط آجاتا ہے۔

وصل صاحب کے کارناموں میں سے ایک بیان کیا گیا ہے۔ ورنہ وہ تو راستہ چلتے ایسے ایسے افسانے پیدا کر دیا کرتے تھے کہ جن پر مشکل ہی سے یقین آسکتا تھا مگر وصل صاحب کو جاننے والے جانتے ہونگے کہ مرحوم کے لئے واقعی کوئی بات مشکل یا ناممکن نہ تھی۔

ہر مشاعرے میں ایک ذمہ دارانہ حیثیت کے مالک۔ جس تقریب میں پہونچ گئے تمام انتظام اپنے سر لے لیا۔ علیگڈھ کی جوبلی میں گئے تھے۔ ڈائننگ ہال میں کھانا کھلانے جو گئے تو جاتے ہی وہاں کے مہتمم بنگئے۔ اب تمام احباب کو مفت میں کھانا کھلا رہے ہے

ہیں اور بول کوئی اس لئے نہیں سکتا کہ صورتاً علیگڈھ کے بانیوں ہیں سے معلوم ہوتے تھے۔ واڑھی سے ایسے ایسے فائدے اٹھاتے تھے کہ آج تک اِس مفید چیز کو اتنا کار آمد کسی نے نہ بنایا ہوگا۔

شعر خوب کہتے تھے۔ ایک ایک غزل میں ہندوستان کے تمام مقبول استادوں کے رنگ کے شعر موجود ہوتے تھے۔ اور پڑھتے بھی اِس جوش کے ساتھ تھے گویا اسی غزل سے ہندوستان کو سوراج یا اپنے کو جیل خانہ دلوا کر رہیں گے۔ چہرہ سُرخ گلے کی رگیں پھولی ہوئیں۔ منہ سے کف جاری اور زانو پیٹ پیٹ کر پڑھ رہے ہیں شعر۔ دُور سے کوئی آواز سنے تو معلوم ہو کہ بلوہ ہو گیا ہے۔ یا کوئی پٹھان اپنے نالائق بیٹے کو ڈانٹ رہا ہے۔

وصل صاحب نے نہایت شاندار زندگی بھی بسر کی اور آخری دور انتہائی تکلیف میں بھی گذرا۔ مگر آخر میں حضرت مولانا اشرف علی تھانوی مدظلہٗ کے فیض نے اُن کو انتہائی متوکل بنا دیا تھا۔ بجھے ہوئے ضرور نظر آتے تھے۔ مگر خدا کا شکر ادا کرتے ہوئے اِس دنیا سے اُٹھے۔

یوسف حسن

حکیم محمد یوسف حسن۔ ایڈیٹر رسالہ نیرنگِ خیال لاہور

رسالہ نیرنگِ خیال لاہور کا مشہور و معروف اور ایک زمانہ میں بہترین رسالہ تھا۔ اب تک یہ رسالہ نکل رہا ہے اور اپنی شان کو قائم رکھنے کی مسلسل کوشش کر رہا ہے۔ حکیم یوسف حسن صاحب اِسی رسالہ کے ہنگامہ خیز ایڈیٹر ہیں۔ میں نیرنگِ خیال کا مضمون نگار رہ چکا ہوں اور میرا مضمون سودیشی ریل اسی رسالہ کے سالنامہ میں سب سے پہلے شائع ہوا تھا۔

حکیم یوسف حسن صاحب سے ہر سال لکھنؤ میں ملاقات ہوا کرتی تھی۔ آپ لکھنؤ میں شوکت اور حامد اللہ افسر اپنے دو دوستوں کے لئے جایا کرتے تھے اور چونکہ تجارتی قسم کے آدمی ہیں۔ لہٰذا اس سفر کو بھی تجارتی رنگ دیکر کچھ اشتہاروں کا اور کچھ خریداروں کا اور کچھ تصویروں کے انتخاب کا کام بھی کر لیا کرتے تھے۔ اور اس کے بعد ——— جی ہاں ———

حکیم یوسف حسن ایک زندہ دل پنجابی۔ ایک سنس مکھ ادیب اور ایک خالص تجارتی قسم کے ایڈیٹر ہیں۔ میں نے اُن سے اپنے مضامین کا کبھی معاوضہ

نہیں لیا تھا۔ایک مرتبہ شامت جو آئی تو معاوضہ لے لیا۔مگر حکیم صاحب کے تبسم میں اس کے بعد سے جو طنز کا زہر شامل ہوا ہے۔وہ آج تک موجود ہے۔ وہ زبان سے کچھ نہیں کہتے صرف مسکراتے ہیں۔مگر وہ حکیم ہیں ان کو خود اندازہ ہونا چاہیئے۔کہ اس قسم کا تبسّم ایک حساس آدمی کے لئے کس قدر مہلک ہو سکتا ہے۔

حکیم یوسف حسن خود بھی افسانہ نگار ہیں۔مگر بیچارے حکمت کریں۔ ایڈیٹری کریں یا افسانہ نگاری کریں۔آخر کیا کیا کریں۔ ان کے علاوہ اور بھی بہت سی ضروری باتیں ہیں۔جن میں حکیم صاحب کا وقت بہرحال صرف ہوتا ہی ہو گا۔ یہ اور بات ہے کہ زندگی کے بعض لمحات گنے تو جا سکتے ہیں گنائے نہیں جا سکتے۔